BRIAN GAGG

WORTSUCHRÄTSEL 3 in 1 SAMMELBAND

TENNIS, SQUASH und GOLF

Bibliografische Information der Deutschen Nationalbibliothek:
Die Deutsche Nationalbibliothek verzeichnet diese Publikation in der Deutschen Nationalbibliografie; detaillierte bibliografische
Daten sind im Internet über http://dnb.dnb.de abrufbar.

Herstellung und Verlag: BoD – Books on Demand, Norderstedt
ISBN: 9783755700777

Inhaltsangabe Seite

Einleitung

Auf den folgenden Seiten finden sich thematisch sortierte Wortsuchrätsel.
Um ein Wortsuchrätsel zu lösen, müssen alle jeweils aufgelisteten Worte in der darüber befindlichen Buchstabenmatrix gefunden werden. Ist ein Wort gefunden, sollte es mit einem Stift umkreist und das gefundene Wort aus der Liste gestrichen werden. Sind alle Worte aus der Liste gefunden, ist das Rätsel gelöst. Bei Schwierigkeiten ein Rätsel zu lösen, kann die Lösung jeweils auf der Rückseite nachgeschaut werden. Die zu findenden Worte sind jeweils als ganzes (d.h. immer nur in einer Richtung und ungebrochen) in der Matrix nach folgenden Regeln versteckt:

- Suchworte können sich überlagern, d.h. ein Buchstabenkästchen kann von mehreren Suchworten genutzt sein.

- Worte können vorwärts, rückwärts, horizontal, vertikal oder diagonal in der Matrix versteckt sein.

- Suchworte stehen für sich alleine und sind unter- oder nebeneinander aufgelistet.

L	X	E	X	Q	S	D	G	K	E	R	C	K	Y	W	N	T	Y	G
E	E	B	A	L	L	W	U	R	F	M	B	V	B	R	R	A	U	V
T	U	L	Y	K	S	K	T	T	M	A	Z	C	Z	E	S	E	V	U
B	D	E	V	U	P	M	O	K	S	X	L	D	P	M	R	X	G	H
E	T	Q	A	Q	T	O	J	G	D	N	D	O	S	Y	P	G	R	C
N	Q	U	E	Z	L	D	K	H	L	A	B	P	C	V	P	X	A	O
H	O	B	J	L	N	O	V	F	S	V	J	P	H	K	F	W	N	E
X	R	P	E	E	V	P	R	C	X	Q	A	E	I	F	Q	G	D	X
J	A	A	S	B	B	P	F	H	S	S	B	L	E	O	G	N	S	N
L	E	L	A	U	V	E	N	R	M	P	O	F	D	H	M	Y	L	T
V	M	S	Z	L	X	L	M	Q	M	G	G	E	S	V	E	Q	A	A
J	Y	U	Z	L	S	Y	T	P	P	B	G	H	R	Z	H	X	M	U
Y	C	R	N	R	P	S	L	I	L	P	R	L	I	X	H	A	N	I
W	U	A	M	L	E	A	R	K	P	Z	J	E	C	E	P	C	Z	B
S	E	Z	P	T	I	E	M	P	J	H	C	R	H	B	L	O	W	M
L	Z	Y	L	U	V	H	T	W	L	S	E	P	T	N	A	G	U	U
Q	Z	V	Z	I	G	O	N	E	O	A	E	J	E	T	Z	Q	D	C
Z	C	M	F	J	D	B	P	L	L	C	L	Q	R	I	K	B	W	R
O	W	P	P	S	P	I	N	F	W	Y	F	O	N	L	Z	S	N	J
Z	A	U	E	Z	A	U	F	S	C	H	L	A	G	L	I	N	I	E
K	L	I	I	G	N	D	R	L	N	N	O	P	E	C	D	Z	Q	G
Q	T	T	T	T	F	Z	K	K	P	A	B	V	M	I	F	T	C	F
K	N	V	O	L	S	B	E	B	E	S	T	B	M	U	P	I	D	A
L	E	I	P	S	N	E	I	N	I	L	D	N	U	R	G	K	X	Y

1

GRANDSLAM
AUFSCHLAGLINIE
BALLWURF
BEST OF FIVE
GRUNDLINIENSPIEL

DOPPELFEHLER
DOPPEL
AUS
SPIN
SCHIEDSRICHTER

Lösung

L X E X Q S D G K E R C K Y W N T Y G
E E B A L L W U R F M B V B R R A U V
T U L Y K S K T T M A Z C Z E S E V U
B D E V U P M O K S X L D P M R X G H
E T Q A Q T O J G D N D O S Y P G R C
N Q U E Z L D K H L A B P C V P X A O
H O B J L N O V F S V J P H K F W N E
X R P E E V P R C X Q A E I F Q G D X
J A A S B B P F H S S B L E O G N S N
L E L A U V E N R M P O F D H M Y L T
V M S Z L X L M Q M G G E S V E Q A A
J Y U Z L S Y T P P B G H R Z H X M U
Y C R N R P S L I L P R L I X H A N I
W U A M L E A R K P Z J E C E P C Z B
S E Z P T I E M P J H C R H B L O W M
L Z Y L U V H T W L S E P T N A G U U
Q Z V Z I G O N E O A E J E T Z Q D C
Z C M F J D B P L L C L Q R I K B W R
O W P P S P I N F W Y F O N L Z S N J
Z A U E Z A U F S C H L A G L I N I E
K L I I G N D R L N N O P E C D Z Q G
Q T T T T F Z K K P A B V M I F T C F
K N V O L S B E B E S T B M U P I D A
L E I P S N E I N I L D N U R G K X Y

E	F	T	I	M	T	K	O	H	N	T	D	C	L	Y	V	E	U	N
F	P	X	H	R	K	V	Z	Y	O	M	L	T	D	D	E	L	S	D
J	I	F	S	D	W	J	A	W	G	O	Q	C	J	S	I	L	C	J
K	R	E	G	E	A	L	H	C	S	K	C	E	U	R	N	P	I	L
W	O	T	U	G	G	R	L	L	G	V	P	V	M	M	I	M	X	V
V	J	H	T	W	W	D	P	Q	J	M	W	O	M	I	L	I	A	L
L	K	D	K	S	K	U	X	W	X	D	U	T	L	E	D	F	Y	M
C	U	X	Y	N	B	N	Y	C	A	Y	T	T	V	M	N	P	L	U
E	J	W	X	B	R	B	Q	B	R	N	V	E	W	E	U	R	U	N
I	Q	A	V	U	W	E	W	U	T	L	B	N	N	R	R	Y	Y	E
N	C	C	M	T	D	E	T	L	Y	V	F	N	H	T	G	U	U	L
I	E	Y	Q	R	M	N	E	S	B	W	H	I	G	X	I	M	A	E
L	Y	V	E	O	L	X	A	S	E	M	V	S	H	E	R	R	T	I
N	W	Q	X	S	V	E	Q	L	F	W	E	A	K	B	X	K	O	P
E	T	Y	G	T	S	S	D	Q	S	K	I	R	B	N	Q	J	V	S
T	L	P	M	R	R	L	S	X	S	D	H	M	B	T	Z	E	N	U
I	D	M	S	U	S	I	W	J	O	A	N	H	E	Y	Z	R	I	Z
E	I	Z	C	N	K	Z	J	O	I	T	W	A	M	S	E	L	H	P
S	C	N	Y	D	H	A	I	N	H	E	O	Y	M	T	R	J	Y	P
F	G	X	W	E	K	T	J	O	A	C	Y	S	S	E	L	C	Z	F
I	N	A	H	J	G	S	T	A	Z	S	A	A	V	N	I	F	Z	O
O	J	W	Z	I	B	W	L	H	Y	L	E	O	V	N	C	N	J	W
K	V	E	X	S	R	Z	S	D	C	W	N	A	C	R	U	T	N	C
Z	S	I	U	R	A	G	N	D	T	R	F	R	T	X	X	J	Y	L

2

NIEMANDSLAND
SEITENLINIE
COACH
GRUNDLINIE
TENNISARM

SEMIWESTERN
TROSTRUNDE
EXTREME EASTERN
ZUSPIELEN
RUECKSCHLAEGER

Lösung

E F T I M T K O H N T D C L Y V E U N
F P X H R K V Z Y O M L T D D E L S D
J I F S D W J A W G O Q C J S I L C J
K R E G E A L H C S K C E U R N P I L
W O T U G G R L L G V P V M M I M X V
V J H T W W D P Q J M W O M I L I A L
L K D K S K U X W X D U T L E D F Y M
C U X Y N B N Y C A Y T T V M N P L U
E J W X B R B Q B R N V E W E U R U N
I Q A V U W E W U T L B N N R R Y Y E
N C C M T D E T L Y V F N H T G U U L
I E Y Q R M N E S B W H I G X I M A E
L Y V E O L X A S E M V S H E R R T I
N W Q X S V E Q L F W E A K B X K O P
E T Y G T S S D Q S K I R B N Q J V S
T L P M R R L S X S D H M B T Z E N U
I D M S U S I W J O A N H E Y Z R I Z
E I Z C N K Z J O I T W A M S E L H P
S C N Y D H A I N H E O Y M T R J Y P
F G X W E K T J O A C Y S S E L C Z F
I N A H J G S T A Z S A A V N I F Z O
O J W Z I B W L H Y L E O V N C N J W
K V E X S R Z S D C W N A C R U T N C
Z S I U R A G N D T R F R T X X J Y L

T	C	T	Y	O	G	B	J	N	B	C	P	A	B	W	R	R	S	H
D	P	S	M	S	I	B	R	M	O	R	X	A	R	F	J	V	F	A
L	E	D	I	S	N	I	M	Q	C	X	S	D	W	E	X	S	O	O
C	K	Y	D	H	V	I	C	L	A	I	C	C	B	T	T	Y	U	C
P	O	C	A	M	Q	W	T	T	S	M	R	S	W	K	J	D	X	B
P	L	P	U	Q	B	P	M	G	W	Q	L	M	P	U	L	W	F	H
H	G	T	O	R	P	Y	R	F	O	R	X	X	K	I	M	G	I	T
Q	C	A	M	L	D	I	C	L	L	T	F	T	V	K	E	W	R	W
J	W	R	B	N	F	B	O	C	C	B	F	Z	C	C	J	L	E	U
X	B	E	Q	F	D	T	A	F	C	F	T	F	O	J	P	B	N	R
Z	Y	O	B	N	H	X	A	T	O	Y	S	N	G	Q	F	A	N	Z
Y	V	A	H	V	J	R	E	R	D	O	T	R	Y	A	V	R	I	R
U	N	I	A	M	P	E	A	T	D	I	A	W	M	C	J	D	W	I
D	L	S	P	T	L	A	M	G	N	N	R	G	E	O	P	A	E	F
L	N	X	H	T	V	F	H	E	U	E	K	R	P	F	G	F	C	Q
P	E	M	B	G	N	Q	N	L	L	G	I	W	T	H	F	U	I	Q
N	T	O	G	M	M	T	A	H	Z	E	R	S	O	C	H	N	V	Z
J	Z	V	C	O	A	T	E	B	L	M	R	I	M	F	S	T	R	P
N	R	K	F	L	S	F	P	J	W	H	D	X	F	T	D	O	E	Z
J	O	Q	N	A	S	Y	C	M	X	N	O	F	N	F	K	P	S	O
P	L	K	N	S	P	P	B	H	E	U	W	M	O	E	A	E	D	N
R	L	D	U	H	U	O	M	V	M	U	F	M	N	Q	K	R	H	U
D	E	F	Z	G	I	D	J	I	T	U	O	U	I	L	K	I	T	P
M	R	F	D	O	F	C	X	W	S	O	N	C	L	X	Z	J	R	I

GRANULATSAND
FUSSFEHLER
GRIFFART
SERVICEWINNER
ABDRUCK

CONTINENTAL
BASISGRIFFBAND
SPIEL
NETZROLLER
INSIDE OUT

Lösung

T	C	T	Y	O	G	B	J	N	B	C	P	A	B	W	R	R	S	H
D	P	S	M	S	I	B	R	M	O	R	X	A	R	F	J	V	F	A
L	E	D	I	S	N	I	M	Q	C	X	S	D	W	E	X	S	O	O
C	K	Y	D	H	V	I	C	L	A	I	C	C	B	T	T	Y	U	C
P	O	C	A	M	Q	W	T	T	S	M	R	S	W	K	J	D	X	B
P	L	P	U	Q	B	P	M	G	W	Q	L	M	P	U	L	W	F	H
H	G	T	O	R	P	Y	R	F	O	R	X	X	K	I	M	G	I	T
Q	C	A	M	L	D	I	C	L	L	T	F	T	V	K	E	W	R	W
J	W	R	B	N	F	B	O	C	C	B	F	Z	C	C	J	L	E	U
X	B	E	Q	F	D	T	A	F	C	F	T	F	O	J	P	B	N	R
Z	Y	O	B	N	H	X	A	T	O	Y	S	N	G	Q	F	A	N	Z
Y	V	A	H	V	J	R	E	R	D	O	T	R	Y	A	V	R	I	R
U	N	I	A	M	P	E	A	T	D	I	A	W	M	C	J	D	W	I
D	L	S	P	T	L	A	M	G	N	N	R	G	E	O	P	A	E	F
L	N	X	H	T	V	F	H	E	U	E	K	R	P	F	G	F	C	Q
P	E	M	B	G	N	Q	N	L	L	G	I	W	T	H	F	U	I	Q
N	T	O	G	M	M	T	A	H	Z	E	R	S	O	C	H	N	V	Z
J	Z	V	C	O	A	T	E	B	L	M	R	I	M	F	S	T	R	P
N	R	K	F	L	S	F	P	J	W	H	D	X	F	T	D	O	E	Z
J	O	Q	N	A	S	Y	C	M	X	N	O	F	N	F	K	P	S	O
P	L	K	N	S	P	P	B	H	E	U	W	M	O	E	A	E	D	N
R	L	D	U	H	U	O	M	V	M	U	F	M	N	Q	K	R	H	U
D	E	F	Z	G	I	D	J	I	T	U	O	U	I	L	K	I	T	P
M	R	F	D	O	F	C	X	W	S	O	N	C	L	X	Z	J	R	I

E	T	H	R	Y	Y	E	N	G	M	M	E	L	Y	Z	A	A	B	U
X	G	U	J	F	Y	A	M	L	F	X	W	P	G	D	E	P	B	C
N	O	H	H	C	U	X	L	R	D	N	B	H	P	G	Q	Y	F	G
E	X	D	W	W	Y	M	N	N	E	G	P	J	S	C	V	Y	L	K
K	M	F	C	N	H	Z	F	V	T	X	D	V	G	C	W	Y	O	B
L	N	B	M	Q	T	Q	G	C	N	X	E	U	E	S	V	H	V	N
E	J	A	Y	Z	J	B	O	L	A	H	K	L	Y	O	B	W	R	E
Y	T	L	X	N	A	C	L	A	K	V	B	C	W	U	K	M	M	G
W	O	L	G	Z	N	I	D	H	Z	G	P	V	A	S	U	G	A	K
J	C	K	G	I	M	R	E	X	T	G	N	B	S	Q	N	X	L	W
G	N	O	Y	I	N	D	N	A	E	F	E	A	P	C	S	A	T	L
J	D	N	M	Z	X	R	T	F	N	X	T	H	W	C	T	K	B	S
T	Q	T	D	X	U	I	F	D	B	X	Z	J	A	R	S	R	A	I
R	J	A	R	L	V	U	Q	B	Z	H	L	F	I	N	T	H	Z	E
L	J	K	Y	J	E	X	A	F	C	J	V	V	S	L	O	E	Y	I
C	J	T	K	C	O	I	E	C	W	W	H	X	I	O	F	Z	F	N
Y	H	P	Q	S	G	E	P	K	C	O	N	F	K	S	F	S	C	H
T	B	Y	F	P	S	H	I	S	H	D	B	Y	M	M	Q	P	C	A
M	C	M	K	D	F	E	N	H	M	E	X	C	N	K	N	S	A	E
A	U	D	V	V	R	O	T	V	N	I	K	G	G	A	R	C	U	N
L	H	J	O	O	P	R	E	I	S	G	E	L	D	R	B	F	J	D
S	B	W	V	H	I	F	F	N	B	K	I	H	D	E	R	R	S	I
T	Z	Z	T	K	P	C	R	E	I	N	R	U	T	B	U	I	J	G
W	H	U	E	I	P	W	E	W	G	R	I	E	C	B	P	U	B	J

NETZKANTE
PREISGELD
TURNIER
EINHAENDIG
ASS

HEIMSPIEL
NETZ
GOLDEN SLAM
KUNSTSTOFF
BALLKONTAKT

Lösung

E	T	H	R	Y	Y	E	N	G	M	M	E	L	Y	Z	A	A	B	U
X	G	U	J	F	Y	A	M	L	F	X	W	P	G	D	E	P	B	C
N	O	H	H	C	U	X	L	R	D	N	B	H	P	G	Q	Y	F	G
E	X	D	W	W	Y	M	N	N	E	G	P	J	S	C	V	Y	L	K
K	M	F	C	N	H	Z	F	V	T	X	D	V	G	C	W	Y	O	B
L	N	B	M	Q	T	Q	G	C	N	X	E	U	E	S	V	H	V	N
E	J	A	Y	Z	J	B	O	L	A	H	K	L	Y	O	B	W	R	E
Y	T	L	X	N	A	C	L	A	K	V	B	C	W	U	K	M	M	G
W	O	L	G	Z	N	I	D	H	Z	G	P	V	A	S	U	G	A	K
J	C	K	G	I	M	R	E	X	T	G	N	B	S	Q	N	X	L	W
G	N	O	Y	I	N	D	N	A	E	F	E	A	P	C	S	A	T	L
J	D	N	M	Z	X	R	T	F	N	X	T	H	W	C	T	K	B	S
T	Q	T	D	X	U	I	F	D	B	X	Z	J	A	R	S	R	A	I
R	J	A	R	L	V	U	Q	B	Z	H	L	F	I	N	T	H	Z	E
L	J	K	Y	J	E	X	A	F	C	J	V	V	S	L	O	E	Y	I
C	J	T	K	C	O	I	E	C	W	W	H	X	I	O	F	Z	F	N
Y	H	P	Q	S	G	E	P	K	C	O	N	F	K	S	F	S	C	H
T	B	Y	F	P	S	H	I	S	H	D	B	Y	M	M	Q	P	C	A
M	C	M	K	D	F	E	N	H	M	E	X	C	N	K	N	S	A	E
A	U	D	V	V	R	O	T	V	N	I	K	G	G	A	R	C	U	N
L	H	J	O	O	P	R	E	I	S	G	E	L	D	R	B	F	J	D
S	B	W	V	H	I	F	F	N	B	K	I	H	D	E	R	R	S	I
T	Z	Z	T	K	P	C	R	E	I	N	R	U	T	B	U	I	J	G
W	H	U	E	I	P	W	E	W	G	B	I	E	C	B	P	U	B	J

G	N	R	Z	M	T	M	O	S	J	D	R	T	Q	A	Y	P	U	K
I	A	B	O	L	R	O	G	U	U	M	O	T	V	R	J	B	H	B
M	H	S	A	C	N	J	Q	T	I	X	L	Z	O	G	N	U	D	F
T	L	M	T	V	R	S	S	O	O	I	G	L	R	E	F	Y	Y	N
R	R	O	F	S	P	N	W	B	N	H	D	I	W	J	Y	D	J	U
R	V	G	A	V	P	X	H	I	N	C	I	I	A	U	O	C	Q	Y
W	U	D	S	W	D	I	E	O	E	I	D	M	E	G	L	F	P	R
C	I	G	Q	A	I	T	E	K	C	P	S	Y	R	B	A	X	N	E
I	P	O	X	X	K	L	T	L	P	P	H	X	T	L	T	H	T	C
L	A	Y	A	F	D	I	B	A	H	E	F	O	S	W	U	O	L	S
O	T	I	U	X	L	N	H	Y	L	T	T	Z	D	O	Z	Z	Y	C
G	P	F	D	S	W	Z	L	W	G	Z	Z	I	R	B	L	G	L	J
K	D	F	F	T	B	I	D	J	V	B	A	O	A	T	G	X	Z	W
G	G	W	H	Z	P	V	S	I	F	T	J	F	L	A	L	O	V	N
M	N	U	Z	R	L	O	N	G	L	I	N	E	L	S	Y	N	U	S
D	E	V	N	A	N	K	Q	B	D	E	W	H	Z	E	Z	N	I	P
V	R	H	S	B	B	J	J	L	U	U	C	X	G	J	M	S	U	C
B	E	S	S	P	A	X	D	O	N	S	L	Z	H	T	R	R	Z	T
N	I	J	X	K	R	Z	P	K	D	E	K	E	K	X	H	E	H	V
D	N	Y	V	S	B	X	H	N	K	K	L	F	M	O	E	G	X	H
W	I	H	Y	F	K	J	U	B	T	L	G	F	V	O	E	N	L	K
U	M	O	G	F	X	R	R	U	U	Y	G	S	U	G	B	A	S	Y
K	O	Z	T	D	G	F	L	P	A	C	N	Z	G	D	V	R	W	O
L	N	O	B	L	U	C	O	I	X	M	U	M	I	C	K	O	C	U

VDT
NOMINIEREN
GASTSPIEL
GRUNDSCHLAG
VORWAERTSDRALL
TLINIE
ORANGE BOWL
LONGLINE
TEPPICH
LOB

Lösung

G N R Z M T M O S J D R T Q A Y P U K
I A B O L R O G U U M O T V R J B H B
M H S A C N J Q T I X L Z O G N U D F
T L M T V R S S O O I G L R E F Y Y N
R R O F S P N W B N H D I W J Y D J U
R V G A V P X H I N C I I A U O C Q Y
W U D S W D I E O E I D M E G L F P R
C I G Q A I T E K C P S Y R B A X N E
I P O X X K L T L P P H X T L T H T C
L A Y A F D I B A H E F O S W U O L S
O T I U X L N H Y L T T Z D O Z Z Y C
G P F D S W Z L W G Z Z I R B L G L J
K D F F T B I D J V B A O A T G X Z W
G G W H Z P V S I F T J F L A L O V N
M N U Z R L O N G L I N E L S Y N U S
D E V N A N K Q B D E W H Z E Z N I P
V R H S B B J J L U U C X G J M S U C
B E S S P A X D O N S L Z H T R R Z T
N I J X K R Z P K D E K E K X H E H V
D N Y V S B X H N K K L F M O E G X H
W I H Y F K J U B T L G F V O E N L K
U M O G F X R R U U Y G S U G B A S Y
K O Z T D G F L P A C N Z G D V R W O
L N O B L U G O I X M U M I C K O C U

Q	B	I	G	F	Q	N	M	V	Z	N	U	X	M	U	D	E	W	H
H	Z	T	A	C	H	O	P	X	R	S	Y	O	F	J	E	X	I	R
R	D	D	L	E	F	N	I	E	L	K	P	C	Q	P	L	A	C	A
T	L	Y	H	O	Q	U	A	L	I	F	I	K	A	T	I	O	N	L
C	E	O	C	Y	I	U	O	Q	F	S	S	M	M	L	R	E	R	T
B	S	S	S	L	R	Z	G	P	O	Q	Q	J	T	J	B	X	N	E
E	H	O	F	V	G	A	N	S	G	R	Z	L	T	D	E	Z	L	R
L	C	N	U	P	J	D	H	D	L	G	M	A	J	J	P	R	E	S
W	E	Z	A	R	L	F	Z	M	B	N	A	V	P	F	Z	T	S	K
E	W	K	K	I	B	V	K	E	E	S	H	B	E	I	E	S	H	L
H	N	R	C	C	N	S	X	Y	X	N	R	E	W	H	B	Z	C	A
O	E	X	I	T	E	M	B	T	W	D	T	N	N	G	C	Z	E	S
V	T	K	K	J	T	L	F	L	E	P	E	R	U	Z	Y	N	W	S
Z	I	D	Y	U	J	A	H	U	I	G	S	P	E	G	A	R	L	E
D	E	M	F	Y	Z	W	C	G	S	H	J	X	X	F	K	T	L	M
B	S	A	V	L	N	E	J	U	H	O	C	J	V	U	F	D	A	W
P	L	R	M	G	A	X	V	L	O	V	A	V	R	Y	J	E	B	N
J	K	S	K	T	A	F	H	B	X	R	L	E	L	Q	I	C	R	G
X	F	Q	A	B	I	D	W	N	W	L	B	R	D	W	W	F	K	O
Z	C	O	T	Q	J	F	B	K	Q	R	C	V	J	V	C	H	R	F
H	W	P	Z	I	F	E	V	F	E	O	E	C	N	N	N	W	P	Y
D	K	T	N	W	G	K	X	A	X	M	A	G	W	D	Z	R	D	L
C	Q	W	M	C	C	H	K	W	L	M	F	U	N	I	J	R	U	V
U	I	G	B	M	W	D	W	K	O	B	V	C	Y	R	M	D	X	M

QUALIFIKATION
CHOP
RAHMENTREFFER
ALTERSKLASSE
KLEINFELD
DEUCE
BALLWECHSEL
SEITENWECHSEL
KICKAUFSCHLAG
REBREAK

Lösung

Q	B	I	G	F	Q	N	M	V	Z	N	U	X	M	U	D	E	W	H
H	Z	T	A	C	H	O	P	X	R	S	Y	O	F	J	E	X	I	R
R	D	D	L	E	F	N	I	E	L	K	P	C	Q	P	L	A	C	A
T	L	Y	H	O	Q	U	A	L	I	F	I	K	A	T	I	O	N	L
C	E	O	C	Y	I	U	O	Q	F	S	S	M	M	L	R	E	R	T
B	S	S	S	L	R	Z	G	P	O	Q	Q	J	T	J	B	X	N	E
E	H	O	F	V	G	A	N	S	G	R	Z	L	T	D	E	Z	L	R
L	C	N	U	P	J	D	H	D	L	G	M	A	J	J	P	R	E	S
W	E	Z	A	R	L	F	Z	M	B	N	A	V	P	F	Z	T	S	K
E	W	K	K	I	B	V	K	E	E	S	H	B	E	I	E	S	H	L
H	N	R	C	C	N	S	X	Y	X	N	R	E	W	H	B	Z	C	A
O	E	X	I	T	E	M	B	T	W	D	T	N	N	G	C	Z	E	S
V	T	K	K	J	T	L	F	L	E	P	E	R	U	Z	Y	N	W	S
Z	I	D	Y	U	J	A	H	U	I	G	S	P	E	G	A	R	L	E
D	E	M	F	Y	Z	W	C	G	S	H	J	X	X	F	K	T	L	M
B	S	A	V	L	N	E	J	U	H	O	C	J	V	U	F	D	A	W
P	L	R	M	G	A	X	V	L	O	V	A	V	R	Y	J	E	B	N
J	K	S	K	T	A	F	H	B	X	R	L	E	L	Q	I	C	R	G
X	F	Q	A	B	I	D	W	N	W	L	B	R	D	W	W	F	K	O
Z	C	O	T	Q	J	F	B	K	Q	R	C	V	J	V	C	H	R	F
H	W	P	Z	I	F	E	V	F	E	O	E	C	N	N	N	W	P	Y
D	K	T	N	W	G	K	X	A	X	M	A	G	W	D	Z	R	D	L
C	Q	W	M	C	C	H	K	W	L	M	F	U	N	I	J	R	U	V
U	I	G	B	M	W	D	W	K	O	B	V	C	Y	R	M	D	X	M

Z Z A T W R C Y N Q F Z I R L B A E D

G J D N E W R Q J M Y M M L I Q B W V

C A A R G Z D Q H P U P E F V I P N Y

W N S K F Y F T Y J V S D W A I E N O

M I Q T G G U D O A L J E K Z I E T U

W W N F G V U R C T Y C N H S R V L A

I Q W N Z M A N V P R Z S V X X J W O

J J B E E Q E S U M Y X P P A E S V P

N L J Y G R W L T P U N I J V G S L S

N O F T A U A N D O U V E R R T B R R

H G W W L G J X S E Z H L C R F P W T

E U O H E E K M S M S D E A A V D O Z

F C E P B J R I Y E L C F A G O B H B

D A J W N H R V H J Z P H Y Q U V K Y

K Q E X E V K W A T U J L L Q B Q U V

Z Z L T D R L O N N Q A M Z U S W A X

T K L F O G I U K M D F S B V S X H X

D G G D B Z Q T N H A U T V J N S N S

F I N A L E W Q J G C T Q V W X J E S

Y D P O H C J I P A N I E R E V K D U

L N M E O T I A H G R Q E C U C B J S

D A A P F T H V R Y E L L O V Y F R N

Y S E Y K C F D C X G M D V E W K S B

T P Q F E D Y G A Y V I Y Y D C M Y U

VEREIN
FINALE
SAND
VOLLEY
BODENBELAG

WINNER
STRAFPUNKT
MEDENSPIELE
MELDESCHLUSS
GAST

Lösung

Z Z A T W R C Y N Q F Z I R L B A E D

G J D N E W R Q J M Y M M L I Q B W V

C A A R G Z D Q H P U P E F V I P N Y

W N S K F Y F T Y J V S D W A I E N O

M I Q T G G U D O A L J E K Z I E T U

W W N F G V U R C T Y C N H S R V L A

I Q W N Z M A N V P R Z S V X X J W O

J J B E E Q E S U M Y X P P A E S V P

N L J Y G R W L T P U N I J V G S L S

N O F T A U A N D O U V E R R T B R R

H G W W L G J X S E Z H L C R F P W T

E U O H E E K M S M S D E A A V D O Z

F C E P B J R I Y E L C F A G O B H B

D A J W N H R V H J Z P H Y Q U V K Y

K Q E X E V K W A T U J L L Q B Q U V

Z Z L T D R L O N N Q A M Z U S W A X

T K L F O G I U K M D F S B V S X H X

D G G D B Z Q T N H A U T V J N S N S

F I N A L E W Q J G C T Q V W X J E S

Y D P O H C J I P A N I E R E V K D U

L N M E O T I A H G R Q E C U C B J S

D A A P F T H V R Y E L L O V Y F R N

Y S E Y K C F D C X G M D V E W K S B

T P Q F E D Y G A Y V I Y Y D C M Y U

W	N	S	Q	V	F	U	P	G	Y	E	J	R	Z	O	N	X	P	Q
A	R	T	K	J	J	A	T	G	E	H	B	C	C	E	D	A	J	N
X	E	U	U	X	B	N	I	V	K	L	K	Q	I	Q	J	F	H	V
F	T	H	B	N	O	V	B	B	L	P	Y	O	Q	U	A	U	R	I
B	S	L	C	O	V	E	R	R	U	L	E	B	N	W	A	W	B	E
D	E	P	I	Q	E	K	M	W	P	L	T	X	W	H	K	D	J	R
P	W	N	D	E	A	C	N	E	E	J	U	D	R	B	C	W	E	T
L	V	I	X	I	Y	F	M	V	R	S	Y	R	U	B	A	P	C	E
A	E	P	G	F	H	G	A	A	Z	T	J	V	E	G	D	Y	T	L
T	M	S	X	N	F	G	W	T	E	L	X	V	C	C	F	E	T	F
Z	D	P	G	N	U	T	I	A	S	E	B	E	K	X	A	Z	O	I
I	R	O	I	U	L	M	Q	K	W	P	F	P	H	Y	A	T	T	N
E	Y	T	L	M	C	K	J	U	E	X	T	U	A	I	O	Y	E	A
R	D	L	X	Z	D	Z	X	C	V	I	K	R	N	J	N	W	H	L
E	I	P	N	R	S	D	A	Q	J	W	O	W	D	I	P	P	C	E
N	M	R	C	C	O	J	M	D	K	Q	C	M	C	N	N	H	J	B
R	E	N	T	R	A	P	L	E	I	P	S	J	E	M	I	R	O	J
X	T	L	E	O	V	A	L	C	T	Q	N	K	U	F	Y	X	T	I
K	R	L	L	A	R	D	S	T	R	E	A	W	K	C	E	U	R	X
W	I	F	G	G	J	V	X	N	F	H	K	S	A	D	X	A	N	G
M	W	O	L	K	H	A	U	F	S	C	H	L	A	G	Z	M	V	K
S	F	X	V	N	L	R	U	Z	C	Q	X	C	B	S	G	N	I	W
S	X	T	U	V	G	Z	F	P	I	T	T	C	H	I	G	N	D	R
N	D	Q	Y	O	E	O	O	V	S	N	H	Q	O	P	Z	C	M	B

PLATZIEREN
EXTREME WESTERN
VIERTELFINALE
SPIELPARTNER
RUECKHAND

TOPSPIN
BESAITUNG
OVERRULE
AUFSCHLAG
RUECKWAERTSDRALL

Lösung

W	N	S	Q	V	F	U	P	G	Y	E	J	R	Z	O	N	X	P	Q
A	R	T	K	J	J	A	T	G	E	H	B	C	C	E	D	A	J	N
X	E	U	U	X	B	N	I	V	K	L	K	Q	I	Q	J	F	H	V
F	T	H	B	N	O	V	B	B	L	P	Y	O	Q	U	A	U	R	I
B	S	L	C	O	V	E	R	R	U	L	E	B	N	W	A	W	B	E
D	E	P	I	Q	E	K	M	W	P	L	T	X	W	H	K	D	J	R
P	W	N	D	E	A	C	N	E	E	J	U	D	R	B	C	W	E	T
L	V	I	X	I	Y	F	M	V	R	S	Y	R	U	B	A	P	C	E
A	E	P	G	F	H	G	A	A	Z	T	J	V	E	G	D	Y	T	L
T	M	S	X	N	F	G	W	T	E	L	X	V	C	C	F	E	T	F
Z	D	P	G	N	U	T	I	A	S	E	B	E	K	X	A	Z	O	I
I	R	O	I	U	L	M	Q	K	W	P	F	P	H	Y	A	T	T	N
E	Y	T	L	M	C	K	J	U	E	X	T	U	A	I	O	Y	E	A
R	D	L	X	Z	D	Z	X	C	V	I	K	R	N	J	N	W	H	L
E	I	P	N	R	S	D	A	Q	J	W	O	W	D	I	P	P	C	E
N	M	R	C	C	O	J	M	D	K	Q	C	M	C	N	N	H	J	B
R	E	N	T	R	A	P	L	E	I	P	S	J	E	M	I	R	O	J
X	T	L	E	O	V	A	L	C	T	Q	N	K	U	F	Y	X	T	I
K	R	L	L	A	R	D	S	T	R	E	A	W	K	C	E	U	R	X
W	I	F	G	G	J	V	X	N	F	H	K	S	A	D	X	A	N	G
M	W	O	L	K	H	A	U	F	S	C	H	L	A	G	Z	M	V	K
S	F	X	V	N	L	R	U	Z	C	Q	X	C	B	S	G	N	I	W
S	X	T	U	V	G	Z	F	P	I	T	T	C	H	I	G	N	D	R
N	D	Q	Y	O	E	O	O	V	S	N	H	Q	O	P	Z	C	M	B

N	T	B	A	F	Z	Q	H	L	W	Y	F	H	V	T	R	Y	C	L
K	M	I	R	N	J	T	I	K	T	N	A	A	D	K	I	F	M	R
S	U	D	I	Y	O	N	A	N	T	I	Z	I	P	A	T	I	O	N
D	W	X	G	C	I	I	N	N	S	L	P	G	E	J	E	P	B	I
L	O	P	O	P	J	O	O	E	W	I	O	J	P	H	T	V	W	M
E	T	A	G	S	K	P	T	W	S	L	D	O	M	M	X	Y	T	J
F	T	A	N	M	L	G	C	I	H	A	L	E	E	W	P	I	J	H
G	E	S	I	B	H	I	O	F	W	U	R	A	F	W	Z	S	O	H
A	N	N	K	M	A	B	D	P	V	W	R	T	B	Q	N	T	X	N
L	I	J	I	G	V	W	O	O	P	F	P	A	S	G	G	T	X	W
H	U	P	Y	H	B	T	N	O	U	F	I	S	S	N	U	E	A	S
C	T	A	C	Q	C	G	X	A	W	O	Q	X	W	H	U	L	I	F
S	E	U	R	N	S	S	I	B	X	C	W	D	S	P	Q	K	F	X
F	D	H	O	E	E	H	A	O	K	Z	D	T	O	U	A	T	C	D
U	Q	T	Z	N	Q	X	I	M	C	Z	A	F	X	X	Q	O	W	P
A	I	K	E	E	F	I	O	K	F	X	N	I	W	F	B	Y	D	H
W	V	M	P	N	O	O	D	F	S	R	B	H	I	H	T	N	K	T
W	N	R	E	N	N	A	F	N	E	E	U	H	A	C	I	Q	Z	L
Y	T	V	W	S	M	I	Y	T	L	P	R	W	Q	W	A	A	B	G
N	I	K	N	P	N	U	S	J	L	R	B	U	L	U	L	E	T	I
I	S	D	G	V	E	A	K	B	H	L	O	B	T	L	Q	N	D	T
V	E	D	N	J	E	Z	X	S	A	G	J	T	D	U	A	P	S	F
Y	H	A	D	B	G	E	G	R	T	L	P	L	J	Z	F	B	G	Y
Y	R	T	T	H	Y	Z	H	W	F	E	L	L	H	S	U	A	L	U

INSIDE IN
FLUGBALL
BIGPOINT
FUTURES
ANTIZIPATION

BALLWURFMASCHINE
AUFSCHLAGFELD
TENNISBALL
KUNSTRASEN
SEMI EASTERN

Lösung

N	T	B	A	F	Z	Q	H	L	W	Y	F	H	V	T	R	Y	C	L
K	M	I	R	N	J	T	I	K	T	N	A	A	D	K	I	F	M	R
S	U	D	I	Y	O	N	A	N	T	I	Z	I	P	A	T	I	O	N
D	W	X	G	C	I	I	N	N	S	L	P	G	E	J	E	P	B	I
L	O	P	O	P	J	O	O	E	W	I	O	J	P	H	T	V	W	M
E	T	A	G	S	K	P	T	W	S	L	D	O	M	M	X	Y	T	J
F	T	A	N	M	L	G	C	I	H	A	L	E	E	W	P	I	J	H
G	E	S	I	B	H	I	O	F	W	U	R	A	F	W	Z	S	O	H
A	N	N	K	M	A	B	D	P	V	W	R	T	B	Q	N	T	X	N
L	I	J	I	G	V	W	O	O	P	F	P	A	S	G	G	T	X	W
H	U	P	Y	H	B	T	N	O	U	F	I	S	S	N	U	E	A	S
C	T	A	C	Q	C	G	X	A	W	O	Q	X	W	H	U	L	I	F
S	E	U	R	N	S	S	I	B	X	C	W	D	S	P	Q	K	F	X
F	D	H	O	E	E	H	A	O	K	Z	D	T	O	U	A	T	C	D
U	Q	T	Z	N	Q	X	I	M	C	Z	A	F	X	X	Q	O	W	P
A	I	K	E	E	F	I	O	K	F	X	N	I	W	F	B	Y	D	H
W	V	M	P	N	O	O	D	F	S	R	B	H	I	H	T	N	K	T
W	N	R	E	N	N	A	F	N	E	E	U	H	A	C	I	Q	Z	L
Y	T	V	W	S	M	I	Y	T	L	P	R	W	Q	W	A	A	B	G
N	I	K	N	P	N	U	S	J	L	R	B	U	L	U	L	E	T	I
I	S	D	G	V	E	A	K	B	H	L	O	B	T	L	Q	N	D	T
V	E	D	N	J	E	Z	X	S	A	G	J	T	D	U	A	P	S	F
Y	H	A	D	B	G	E	G	R	T	L	P	L	J	Z	F	B	G	Y
Y	R	T	T	H	Y	Z	H	W	F	E	L	L	H	S	U	A	L	U

K	T	P	K	O	N	Q	D	I	S	G	N	S	H	U	T	A	D	E
F	U	E	T	Y	A	R	P	L	C	R	K	A	A	V	C	K	P	V
C	T	T	B	Z	N	F	B	G	P	T	L	W	M	S	I	R	A	F
F	H	Q	X	V	O	O	A	Y	U	B	N	E	Y	E	K	W	A	H
M	M	A	A	Q	I	L	S	F	V	E	V	E	P	P	P	H	F	L
A	C	K	L	Q	U	S	I	O	T	Q	J	J	V	G	Y	B	L	W
J	X	X	O	L	S	E	L	P	I	B	E	Y	V	Q	R	D	N	J
C	G	M	V	R	E	L	G	D	T	Y	P	E	E	W	K	D	H	O
V	U	M	B	R	E	N	M	L	A	A	P	N	K	J	L	B	Y	Z
Z	R	E	C	Y	B	B	G	T	H	R	H	A	H	O	U	A	K	E
D	O	E	Z	J	B	V	W	E	J	L	J	C	L	L	Q	N	X	B
E	C	W	S	C	E	U	V	R	R	P	T	H	C	L	P	G	A	R
X	S	T	I	O	C	I	C	M	T	Y	J	R	T	D	E	S	J	L
R	A	E	Q	S	L	W	P	H	B	Y	B	U	F	A	P	T	A	M
Y	B	T	R	I	B	I	T	A	H	L	D	E	A	V	L	G	H	Q
D	A	N	V	S	R	Q	V	Z	T	M	Z	C	A	N	U	E	N	V
U	Y	Y	X	V	C	P	O	W	J	N	U	K	H	C	C	G	I	M
D	B	S	M	J	O	E	E	U	N	Y	R	E	A	O	K	E	S	B
R	T	B	U	Z	V	H	F	M	P	I	A	R	L	U	Y	N	R	G
E	B	J	H	I	Y	V	U	S	H	Y	M	K	B	M	R	E	D	R
Y	F	F	I	F	P	E	M	N	Z	F	R	I	F	R	T	R	D	B
O	C	E	X	W	C	X	L	P	G	F	X	S	E	X	A	N	G	U
Z	I	P	S	N	D	P	Q	F	T	A	W	X	L	H	X	I	E	G
H	A	U	P	T	F	E	L	D	R	E	A	V	D	L	Q	V	Y	R

ANGSTGEGENER
HAWKEYE
CLUB
CHALLENGER
HEIM

HALBVOLLEY
HAUPTFELD
NACHRUECKER
LUCKY LOSER
HALBFELD

Lösung

K	T	P	K	O	N	Q	D	I	S	G	N	S	H	U	T	A	D	E
F	U	E	T	Y	A	R	P	L	C	R	K	A	A	V	C	K	P	V
C	T	T	B	Z	N	F	B	G	P	T	L	W	M	S	I	R	A	F
F	H	Q	X	V	O	O	A	Y	U	B	N	E	Y	E	K	W	A	H
M	M	A	A	Q	I	L	S	F	V	E	V	E	P	P	P	H	F	L
A	C	K	L	Q	U	S	I	O	T	Q	J	J	V	G	Y	B	L	W
J	X	X	O	L	S	E	L	P	I	B	E	Y	V	Q	R	D	N	J
C	G	M	V	R	E	L	G	D	T	Y	P	E	E	W	K	D	H	O
V	U	M	B	R	E	N	M	L	A	A	P	N	K	J	L	B	Y	Z
Z	R	E	C	Y	B	B	G	T	H	R	H	A	H	O	U	A	K	E
D	O	E	Z	J	B	V	W	E	J	L	J	C	L	L	Q	N	X	B
E	C	W	S	C	E	U	V	R	R	P	T	H	C	L	P	G	A	R
X	S	T	I	O	C	I	C	M	T	Y	J	R	T	D	E	S	J	L
R	A	E	Q	S	L	W	P	H	B	Y	B	U	F	A	P	T	A	M
Y	B	T	R	I	B	I	T	A	H	L	D	E	A	V	L	G	H	Q
D	A	N	V	S	R	Q	V	Z	T	M	Z	C	A	N	U	E	N	V
U	Y	Y	X	V	C	P	O	W	J	N	U	K	H	C	C	G	I	M
D	B	S	M	J	O	E	E	U	N	Y	R	E	A	O	K	E	S	B
R	T	B	U	Z	V	H	F	M	P	I	A	R	L	U	Y	N	R	G
E	B	J	H	I	Y	V	U	S	H	Y	M	K	B	M	R	E	D	R
Y	F	F	I	F	P	E	M	N	Z	F	R	I	F	R	T	R	D	B
O	C	E	X	W	C	X	L	P	G	F	X	S	E	X	A	N	G	U
Z	I	P	S	N	D	P	Q	F	T	A	W	X	L	H	X	I	E	G
H	A	U	P	T	F	E	L	D	R	E	A	V	D	L	Q	V	Y	R

W	G	E	Y	G	S	B	W	W	C	F	F	J	U	H	F	F	W	C
T	N	M	Z	N	R	L	S	C	N	D	J	H	P	A	E	L	G	O
S	N	R	M	R	H	R	M	U	B	A	R	G	Q	S	H	R	T	V
J	L	X	R	Y	P	S	A	B	Z	N	H	A	I	A	M	P	C	C
I	H	I	D	I	F	I	V	H	W	U	Q	K	C	E	Q	L	U	K
B	T	D	C	O	Q	K	H	E	M	Z	T	C	Y	X	G	F	M	F
J	Y	N	R	E	G	W	F	C	K	E	E	B	T	O	H	I	E	J
V	F	C	E	W	M	Q	Q	H	H	R	N	E	A	V	F	C	F	Y
S	E	D	E	C	R	O	F	N	U	G	N	T	Z	L	L	N	P	G
D	R	X	K	R	S	R	Q	O	M	Y	I	O	I	Q	U	C	U	Y
B	H	N	H	I	T	G	D	D	A	V	S	N	M	U	O	N	W	D
H	A	G	R	Z	M	W	F	D	U	P	C	B	E	D	Z	D	G	K
U	J	O	N	G	X	C	V	I	N	D	H	E	T	J	R	Y	E	N
N	C	Z	T	J	F	A	W	O	T	N	L	L	P	A	G	Q	U	V
E	A	F	T	F	N	W	D	F	Y	A	A	A	M	M	V	O	Z	T
A	N	K	R	T	T	E	Q	X	F	R	E	G	N	P	P	B	U	D
E	R	R	A	B	L	M	L	C	R	Y	G	K	M	A	R	U	F	O
I	J	G	Q	B	K	I	A	O	A	Z	E	H	F	B	K	M	I	B
J	E	Q	M	T	P	C	R	E	M	D	R	K	W	F	E	J	V	Y
S	V	I	O	J	D	R	V	H	S	B	Q	S	Q	G	A	W	X	W
K	W	N	H	J	E	A	L	S	P	B	G	S	Z	Y	M	V	E	Z
G	H	V	Z	Z	Y	E	N	A	S	E	G	R	A	H	C	P	K	D
D	B	F	Y	R	M	I	D	C	O	U	R	T	L	O	B	X	L	D
K	S	T	K	G	S	W	I	N	T	W	A	B	E	R	R	O	R	U

11

BETONBELAG
TENNISCHLAEGER
MIDCOURT
SLICE
CHIP AND CHARGE

WIMBLEDON
UNFORCED ERROR
ADVANTAGE
RAHMEN
FORCED ERROR

Lösung

W	G	E	Y	G	S	B	W	W	C	F	F	J	U	H	F	F	W	C
T	N	M	Z	N	R	L	S	C	N	D	J	H	P	A	E	L	G	O
S	N	R	M	R	H	R	M	U	B	A	R	G	Q	S	H	R	T	V
J	L	X	R	Y	P	S	A	B	Z	N	H	A	I	A	M	P	C	C
I	H	I	D	I	F	I	V	H	W	U	Q	K	C	E	Q	L	U	K
B	T	D	C	O	Q	K	H	E	M	Z	T	C	Y	X	G	F	M	F
J	Y	N	R	E	G	W	F	C	K	E	E	B	T	O	H	I	E	J
V	F	C	E	W	M	Q	Q	H	H	R	N	E	A	V	F	C	F	Y
S	E	D	E	C	R	O	F	N	U	G	N	T	Z	L	L	N	P	G
D	R	X	K	R	S	R	Q	O	M	Y	I	O	I	Q	U	C	U	Y
B	H	N	H	I	T	G	D	D	A	V	S	N	M	U	O	N	W	D
H	A	G	R	Z	M	W	F	D	U	P	C	B	E	D	Z	D	G	K
U	J	O	N	G	X	C	V	I	N	D	H	E	T	J	R	Y	E	N
N	C	Z	T	J	F	A	W	O	T	N	L	L	P	A	G	Q	U	V
E	A	F	T	F	N	W	D	F	Y	A	A	A	M	M	V	O	Z	T
A	N	K	R	T	T	E	Q	X	F	R	E	G	N	P	P	B	U	D
E	R	R	A	B	L	M	L	C	R	Y	G	K	M	A	R	U	F	O
I	J	G	Q	B	K	I	A	O	A	Z	E	H	F	B	K	M	I	B
J	E	Q	M	T	P	C	R	E	M	D	R	K	W	F	E	J	V	Y
S	V	I	O	J	D	R	V	H	S	B	Q	S	Q	G	A	W	X	W
K	W	N	H	J	E	A	L	S	P	B	G	S	Z	Y	M	V	E	Z
G	H	V	Z	Z	Y	E	N	A	S	E	G	R	A	H	C	P	K	D
D	B	F	Y	R	M	I	D	C	O	U	R	T	L	O	B	X	L	D
K	S	T	K	G	S	W	L	N	T	W	A	B	E	R	R	O	R	U

H	F	Q	I	F	C	Y	U	O	J	U	D	Z	F	G	K	F	T	N
A	E	K	O	M	S	I	T	Y	H	G	V	M	Q	V	L	P	R	S
K	L	G	N	X	T	N	L	B	T	E	S	C	P	Z	M	N	R	S
H	U	G	L	N	A	B	T	H	G	Y	N	A	K	C	H	E	F	Y
C	O	B	X	C	C	R	Q	E	X	R	S	G	Y	U	Q	N	K	X
D	G	E	R	E	U	O	G	M	W	S	K	P	N	U	W	N	T	V
F	L	I	R	O	L	N	M	Y	I	Y	G	A	U	D	T	W	B	N
T	P	D	C	A	E	G	R	E	I	J	W	H	R	C	U	U	S	U
H	L	H	U	R	N	D	R	Z	U	Z	P	R	E	E	D	Z	K	W
P	W	A	Z	O	L	B	N	R	T	Y	Q	H	J	R	N	E	T	J
D	S	E	U	B	A	L	E	X	J	X	N	Q	C	T	X	P	F	A
M	L	N	Q	L	E	B	W	I	K	B	D	B	Z	N	F	D	D	Y
W	L	D	L	I	Y	I	D	D	C	A	A	T	J	E	D	F	V	E
E	A	I	G	Z	B	Y	P	Z	T	T	O	A	T	C	M	C	O	G
G	B	G	P	I	Q	Z	F	V	A	Q	S	J	D	G	X	G	O	Y
P	X	P	X	J	R	V	E	J	E	U	X	U	T	D	B	M	S	H
V	L	I	M	Q	A	J	I	L	I	T	N	L	H	E	W	Y	L	C
J	L	D	W	Y	Y	G	Q	O	F	S	X	O	H	X	P	C	K	D
P	A	H	A	H	D	B	A	V	G	O	Z	C	O	S	K	Q	Z	S
B	B	K	G	E	U	B	T	E	K	S	Z	E	S	H	X	A	P	V
R	D	J	D	B	F	G	T	G	U	K	V	E	O	I	K	W	V	R
W	N	P	J	F	G	O	Z	S	D	Y	F	T	D	J	O	U	I	O
S	O	H	H	M	H	U	E	K	D	A	H	S	S	O	R	C	X	A
I	M	Y	N	J	S	O	L	A	R	N	Q	G	D	I	K	D	G	S

12

NEW BALLS
BEIDHAENDIG
CENTRE COURT
CROSS
PASSIERBALL

SET
LOVE
MONDBALL
FEDCUP
GEGNER

Lösung

H	F	Q	I	F	C	Y	U	O	J	U	D	Z	F	G	K	F	T	N
A	E	K	O	M	S	I	T	Y	H	G	V	M	Q	V	L	P	R	S
K	L	G	N	X	T	N	L	B	T	E	S	C	P	Z	M	N	R	S
H	U	G	L	N	A	B	T	H	G	Y	N	A	K	C	H	E	F	Y
C	O	B	X	C	C	R	Q	E	X	R	S	G	Y	U	Q	N	K	X
D	G	E	R	E	U	O	G	M	W	S	K	P	N	U	W	N	T	V
F	L	I	R	O	L	N	M	Y	I	Y	G	A	U	D	T	W	B	N
T	P	D	C	A	E	G	R	E	I	J	W	H	R	C	U	U	S	U
H	L	H	U	R	N	D	R	Z	U	Z	P	R	E	E	D	Z	K	W
P	W	A	Z	O	L	B	N	R	T	Y	Q	H	J	R	N	E	T	J
D	S	E	U	B	A	L	E	X	J	X	N	Q	C	T	X	P	F	A
M	L	N	Q	L	E	B	W	I	K	B	D	B	Z	N	F	D	D	Y
W	L	D	L	I	Y	I	D	D	C	A	A	T	J	E	D	F	V	E
E	A	I	G	Z	B	Y	P	Z	T	T	O	A	T	C	M	C	O	G
G	B	G	P	I	Q	Z	F	V	A	Q	S	J	D	G	X	G	O	Y
P	X	P	X	J	R	V	E	J	E	U	X	U	T	D	B	M	S	H
V	L	I	M	Q	A	J	I	L	I	T	N	L	H	E	W	Y	L	C
J	L	D	W	Y	Y	G	Q	O	F	S	X	O	H	X	P	C	K	D
P	A	H	A	H	D	B	A	V	G	O	Z	C	O	S	K	Q	Z	S
B	B	K	G	E	U	B	T	E	K	S	Z	E	S	H	X	A	P	V
R	D	J	D	B	F	G	T	G	U	K	V	E	O	I	K	W	V	R
W	N	P	J	F	G	O	Z	S	D	Y	F	T	D	J	O	U	I	O
S	O	H	H	M	H	U	E	K	D	A	H	S	S	O	R	C	X	A
I	M	Y	N	J	S	O	L	A	R	N	Q	G	D	I	K	D	G	S

R	J	H	Y	P	I	C	W	A	K	A	D	D	Z	Q	O	M	A	H
X	L	W	I	I	G	V	X	Z	N	Y	U	P	M	S	O	I	S	N
B	P	G	Z	K	R	R	W	G	Y	T	L	K	I	U	C	D	M	Y
Z	G	G	B	T	E	C	W	N	A	Q	F	W	K	J	T	M	Q	V
A	C	L	Z	A	Q	D	A	O	C	K	O	Q	W	K	N	I	U	P
W	X	Z	B	R	E	F	O	E	O	F	O	Y	H	N	M	I	J	T
Y	C	G	V	S	Q	M	T	E	D	L	E	F	L	E	T	T	I	M
Q	Y	G	A	O	I	K	D	T	S	D	F	W	T	H	R	M	W	B
L	Y	O	Q	E	N	V	G	A	N	Z	R	K	C	I	L	E	K	Y
J	M	E	W	U	H	A	J	O	J	Q	O	E	G	T	T	J	X	A
D	T	O	P	F	R	T	J	S	J	N	G	P	G	T	E	T	Y	E
L	H	J	W	T	B	C	K	Z	G	F	J	B	M	I	N	F	P	J
N	P	K	G	O	V	Q	B	C	Y	G	H	J	F	N	M	E	B	I
P	O	B	W	A	C	E	M	A	U	A	U	V	E	G	C	J	P	E
X	S	M	A	T	O	O	R	E	J	W	S	P	D	E	S	U	O	O
J	S	X	F	D	F	Y	F	K	T	O	R	R	L	D	F	R	A	T
J	X	B	Y	I	V	V	C	Z	O	S	P	Q	Y	K	F	O	H	B
F	R	E	N	C	H	J	W	O	H	I	Y	V	M	T	V	Z	Q	B
D	A	P	O	F	X	B	R	B	H	K	L	S	Z	G	Q	M	A	Y
R	L	I	N	I	E	N	R	I	C	H	T	E	R	J	X	A	M	Z
T	U	B	Y	P	A	R	T	N	E	R	M	J	W	M	R	K	O	G
V	T	A	A	Y	A	T	E	N	N	I	S	P	L	A	T	Z	A	F
M	I	N	I	B	R	E	A	K	A	X	R	J	L	G	N	Q	C	J
W	O	N	S	L	E	I	P	S	S	D	N	A	B	R	E	V	D	F

13

MITTELFELD
NO AD
PUNKT
KO SYSTEM
FRENCH OPEN
MINIBREAK
LINIENRICHTER
HITTING PARTNER
TENNISPLATZ
VERBANDSSPIEL

Lösung

R	J	H	Y	P	I	C	W	A	K	A	D	D	Z	Q	O	M	A	H
X	L	W	I	I	G	V	X	Z	N	Y	U	P	M	S	O	I	S	N
B	P	G	Z	K	R	R	W	G	Y	T	L	K	I	U	C	D	M	Y
Z	G	G	B	T	E	C	W	N	A	Q	F	W	K	J	T	M	Q	V
A	C	L	Z	A	Q	D	A	O	C	K	O	Q	W	K	N	I	U	P
W	X	Z	B	R	E	F	O	E	O	F	O	Y	H	N	M	I	J	T
Y	C	G	V	S	Q	M	T	E	D	L	E	F	L	E	T	T	I	M
Q	Y	G	A	O	I	K	D	T	S	D	F	W	T	H	R	M	W	B
L	Y	O	Q	E	N	V	G	A	N	Z	R	K	C	I	L	E	K	Y
J	M	E	W	U	H	A	J	O	J	Q	O	E	G	T	T	J	X	A
D	T	O	P	F	R	T	J	S	J	N	G	P	G	T	E	T	Y	E
L	H	J	W	T	B	C	K	Z	G	F	J	B	M	I	N	F	P	J
N	P	K	G	O	V	Q	B	C	Y	G	H	J	F	N	M	E	B	I
P	O	B	W	A	C	E	M	A	U	A	U	V	E	G	C	J	P	E
X	S	M	A	T	O	O	R	E	J	W	S	P	D	E	S	U	O	O
J	S	X	F	D	F	Y	F	K	T	O	R	R	L	D	F	R	A	T
J	X	B	Y	I	V	V	C	Z	O	S	P	Q	Y	K	F	O	H	B
F	R	E	N	C	H	J	W	O	H	I	Y	V	M	T	V	Z	Q	B
D	A	P	O	F	X	B	R	B	H	K	L	S	Z	G	Q	M	A	Y
R	L	I	N	I	E	N	R	I	C	H	T	E	R	J	X	A	M	Z
T	U	B	Y	P	A	R	T	N	E	R	M	J	W	M	R	K	O	G
V	T	A	A	Y	A	T	E	N	N	I	S	P	L	A	T	Z	A	F
M	I	N	I	B	R	E	A	K	A	X	R	J	L	G	N	Q	C	J
W	O	N	S	L	E	I	P	S	S	D	N	A	B	R	E	V	D	F

B A Y F F F T B J K R O B Y Q V T K M
H X S E I N Z E L P V B E X X I Z Q U
E M A S T E R S K P V E N B X A J W H
U F P F C P K L H P S R Y D J A D V K
O R H Z U K B Z X M V S U U E M V C Z
R S Q S C H E O M I T C V Z F E G Q W
A E Z Y K E Y U I V D H G P N B P P O
Y I U Q E V P C E G P I K S N B V H M
L R D L R J Z I C O I E W P H M M V A
Z E K A I U I Y K H M D P Y G P N H S
J S B V V J S P Y Q U S J N R L G Z T
O C U P K I D S A T Z R N V A D Y F E
T U R I N O S A Y X O I C O S W X R R
Q Y X R I C N C F X Y C W W B V K O S
P G G D R J Y T U I C H O Y E H R E K
N M K H M X B V K P W T N D L M M W M
O W P I U G B I Q Z R E F J A P I N R
J Z D F Y U S L I X E R H L G T G W D
Z R K J R B K F V P N L F C D F D I O
J U D U J F F C H O J D A Q D E Q S Y
O B Y G U Z B A T K N U P I L L X Z R
L W B O A F W G I K M X S S B N S I Q
H H E L U X L X H A L B F I N A L E M
D J M G V L A S P D U O R G P A J E G

PUNKTABZUG
MASTERS SERIES
HALBFINALE
OBERSCHIEDSRICHTER
GRASBELAG

MIXED
EINZEL
SATZ
DAVISCUP
MASTERS CUP

Lösung

B	A	Y	F	F	F	T	B	J	K	R	O	B	Y	Q	V	T	K	M
H	X	S	E	I	N	Z	E	L	P	V	B	E	X	X	I	Z	Q	U
E	M	A	S	T	E	R	S	K	P	V	E	N	B	X	A	J	W	H
U	F	P	F	C	P	K	L	H	P	S	R	Y	D	J	A	D	V	K
O	R	H	Z	U	K	B	Z	X	M	V	S	U	U	E	M	V	C	Z
R	S	Q	S	C	H	E	O	M	I	T	C	V	Z	F	E	G	Q	W
A	E	Z	Y	K	E	Y	U	I	V	D	H	G	P	N	B	P	P	O
Y	I	U	Q	E	V	P	C	E	G	P	I	K	S	N	B	V	H	M
L	R	D	L	R	J	Z	I	C	O	I	E	W	P	H	M	M	V	A
Z	E	K	A	I	U	I	Y	K	H	M	D	P	Y	G	P	N	H	S
J	S	B	V	V	J	S	P	Y	Q	U	S	J	N	R	L	G	Z	T
O	C	U	P	K	I	D	S	A	T	Z	R	N	V	A	D	Y	F	E
T	U	R	I	N	O	S	A	Y	X	O	I	C	O	S	W	X	R	R
Q	Y	X	R	I	C	N	C	F	X	Y	C	W	W	B	V	K	O	S
P	G	G	D	R	J	Y	T	U	I	C	H	O	Y	E	H	R	E	K
N	M	K	H	M	X	B	V	K	P	W	T	N	D	L	M	M	W	M
O	W	P	I	U	G	B	I	Q	Z	R	E	F	J	A	P	I	N	R
J	Z	D	F	Y	U	S	L	I	X	E	R	H	L	G	T	G	W	D
Z	R	K	J	R	B	K	F	V	P	N	L	F	C	D	F	D	I	O
J	U	D	U	J	F	F	C	H	O	J	D	A	Q	D	E	Q	S	Y
O	B	Y	G	U	Z	B	A	T	K	N	U	P	I	L	L	X	Z	R
L	W	B	O	A	F	W	G	I	K	M	X	S	S	B	N	S	I	Q
H	H	E	L	U	X	L	X	H	A	L	B	F	I	N	A	L	E	M
D	J	M	G	V	L	A	S	P	D	U	O	R	G	P	A	J	E	G

E	K	J	M	O	H	N	A	V	Z	B	K	I	Q	R	H	R	F	E
O	W	T	D	P	M	R	O	Q	N	M	Y	E	Y	A	U	G	S	E
Y	Y	W	Z	D	R	R	B	T	F	G	W	K	Q	I	S	S	Z	V
O	I	H	A	H	H	R	I	P	W	L	U	R	X	Q	A	A	K	Z
H	E	R	H	A	M	D	Y	Z	O	F	X	M	G	L	A	K	R	V
X	S	L	N	G	G	X	X	E	M	W	A	X	K	O	D	H	Q	H
U	C	D	G	H	P	V	W	Y	B	G	E	S	D	V	K	I	W	Z
L	C	V	J	Z	G	D	V	B	P	H	G	R	C	U	Z	N	S	W
F	M	B	X	O	U	L	J	N	N	N	E	W	T	T	B	W	V	P
X	P	K	S	G	Z	J	M	H	U	C	K	F	Q	E	I	W	U	U
E	V	X	G	T	K	O	U	T	W	T	G	L	I	Z	N	E	R	Z
W	X	D	Q	A	S	S	S	H	L	J	I	N	I	H	H	N	Z	G
K	Q	R	S	N	I	I	T	A	F	T	U	I	R	P	Q	H	I	X
A	V	A	O	G	E	X	N	L	F	N	Y	Z	J	N	D	Z	D	S
M	O	C	P	L	N	T	Z	L	T	E	K	E	K	W	Z	L	S	O
Q	L	D	T	P	U	W	H	D	E	P	G	A	F	G	E	D	G	W
H	K	L	I	H	Y	H	V	T	B	O	E	S	V	W	L	O	E	T
F	E	I	K	H	W	P	A	V	H	R	B	T	J	K	L	Y	V	Y
L	U	W	G	B	M	X	W	Q	B	N	B	C	E	D	Y	Z	C	Z
N	I	D	O	Q	W	L	R	N	X	S	H	W	E	S	E	X	W	S
F	O	Z	M	X	X	M	P	W	D	W	G	N	K	G	L	T	Q	S
M	N	S	S	T	O	K	J	V	J	A	K	I	Q	M	Y	N	E	E
E	P	A	U	E	B	E	R	G	R	I	F	F	B	A	N	D	V	H
V	H	M	W	I	D	P	N	U	S	L	C	S	T	C	O	U	R	T

15

POWERTENNIS
COURT
WILDCARD
ITF
VORHAND

GOLDEN SET
US OPEN
UEBERGRIFFBAND
LEISTUNGSKLASSE
TIE BREAK

Lösung

E	K	J	M	O	H	N	A	V	Z	B	K	I	Q	R	H	R	F	E
O	W	T	D	P	M	R	O	Q	N	M	Y	E	Y	A	U	G	S	E
Y	Y	W	Z	D	R	R	B	T	F	G	W	K	Q	I	S	S	Z	V
O	I	H	A	H	H	R	I	P	W	L	U	R	X	Q	A	A	K	Z
H	E	R	H	A	M	D	Y	Z	O	F	X	M	G	L	A	K	R	V
X	S	L	N	G	G	X	X	E	M	W	A	X	K	O	D	H	Q	H
U	C	D	G	H	P	V	W	Y	B	G	E	S	D	V	K	I	W	Z
L	C	V	J	Z	G	D	V	B	P	H	G	R	C	U	Z	N	S	W
F	M	B	X	O	U	L	J	N	N	N	E	W	T	T	B	W	V	P
X	P	K	S	G	Z	J	M	H	U	C	K	F	Q	E	I	W	U	U
E	V	X	G	T	K	O	U	T	W	T	G	L	I	Z	N	E	R	Z
W	X	D	Q	A	S	S	S	H	L	J	I	N	I	H	H	N	Z	G
K	Q	R	S	N	I	I	T	A	F	T	U	I	R	P	Q	H	I	X
A	V	A	O	G	E	X	N	L	F	N	Y	Z	J	N	D	Z	D	S
M	O	C	P	L	N	T	Z	L	T	E	K	E	K	W	Z	L	S	O
Q	L	D	T	P	U	W	H	D	E	P	G	A	F	G	E	D	G	W
H	K	L	I	H	Y	H	V	T	B	O	E	S	V	W	L	O	E	T
F	E	I	K	H	W	P	A	V	H	R	B	T	J	K	L	Y	V	Y
L	U	W	G	B	M	X	W	Q	B	N	B	C	E	D	Y	Z	C	Z
N	I	D	O	Q	W	L	R	N	X	S	H	W	E	S	E	X	W	S
F	O	Z	M	X	X	M	P	W	D	W	G	N	K	G	L	T	Q	S
M	N	S	S	T	O	K	J	V	J	A	K	I	Q	M	Y	N	E	E
E	P	A	U	E	B	E	R	G	R	I	F	F	B	A	N	D	V	H
V	H	M	W	L	D	P	N	U	S	L	C	S	T	C	O	U	R	T

G	A	T	J	B	V	N	Z	N	E	P	O	X	F	L	M	W	F	V
N	G	C	Z	L	T	O	P	S	T	E	E	W	S	F	V	S	A	C
I	A	X	N	R	O	S	T	O	P	P	B	A	L	L	C	N	E	K
N	F	T	N	J	P	K	I	X	I	Q	K	L	G	E	D	U	E	U
I	S	M	E	F	U	J	R	W	T	M	U	X	I	U	I	F	C	X
A	A	E	F	K	V	D	G	Y	Y	T	B	M	B	A	I	W	T	V
R	N	R	E	A	R	A	U	S	T	R	A	L	I	A	N	J	B	K
T	U	Y	I	B	A	E	Z	W	Y	M	T	S	I	N	Z	H	L	M
L	C	N	V	L	O	I	A	B	V	G	E	K	J	A	B	G	Y	E
A	Q	N	Z	Y	J	G	P	T	E	R	Z	V	M	V	E	O	H	O
T	Z	Z	C	E	G	T	N	J	S	S	Y	C	R	X	F	V	M	E
N	W	R	O	L	U	Y	R	O	R	F	P	J	M	E	A	A	C	F
E	Z	W	X	L	P	V	V	E	S	I	F	A	J	B	S	G	T	D
M	F	N	V	O	S	Y	L	L	G	F	H	I	N	P	T	O	H	F
P	B	N	X	V	R	P	L	O	L	W	I	Q	R	N	W	P	A	C
O	M	L	V	D	F	G	A	K	S	W	V	K	M	G	U	B	A	W
G	Y	R	T	I	C	I	R	D	L	Q	X	B	A	N	I	N	D	V
M	J	D	D	Q	G	U	D	A	M	D	F	K	H	S	M	Z	G	O
Z	L	E	B	E	V	C	N	X	G	K	Z	P	P	U	G	D	J	S
Z	U	F	M	O	K	N	E	I	H	D	R	X	X	S	A	P	P	A
Z	C	K	Y	V	V	E	T	E	B	F	J	X	E	Z	L	U	U	H
M	S	K	A	L	P	S	I	R	Y	C	E	W	F	N	F	Z	R	D
N	H	B	A	S	C	H	E	G	R	I	F	F	B	A	N	D	G	A
G	S	I	N	N	E	T	S	F	F	I	R	G	N	A	G	B	Z	Y

16

SEITENDRALL
BESPANNUNG
ANGRIFFSTENNIS
GRIFFSTAERKE
STOPPBALL

SWEETSPOT
MENTALTRAINING
SERVE AND VOLLEY
GRIFFBAND
AUSTRALIAN OPEN

Lösung

G A T J B V N Z N E P O X F L M W F V
N G C Z L T O P S T E E W S F V S A C
I A X N R O S T O P P B A L L C N E K
N F T N J P K I X I Q K L G E D U E U
I S M E F U J R W T M U X I U I F C X
A A E F K V D G Y Y T B M B A I W T V
R N R E A R A U S T R A L I A N J B K
T U Y I B A E Z W Y M T S I N Z H L M
L C N V L O I A B V G E K J A B G Y E
A Q N Z Y J G P T E R Z V M V E O H O
T Z Z C E G T N J S S Y C R X F V M E
N W R O L U Y R O R F P J M E A A C F
E Z W X L P V V E S I F A J B S G T D
M F N V O S Y L L G F H I N P T O H F
P B N X V R P L O L W I Q R N W P A C
O M L V D F G A K S W V K M G U B A W
G Y R T I C I R D L Q X B A N I N D V
M J D D Q G U D A M D F K H S M Z G O
Z L E B E V C N X G K Z P P U G D J S
Z U F M O K N E I H D R X X S A P P A
Z C K Y V V E T E B F J X E Z L U U H
M S K A L P S I R Y C E W F N F Z R D
N H B A S C H E G R I F F B A N D G A
G S I N N E T S F F I R G N A G B Z Y

W	U	O	Y	K	E	Y	J	S	J	O	A	O	V	F	E	V	K	Y
R	I	Q	E	E	A	E	B	L	E	R	A	Z	W	K	E	J	L	N
L	G	L	V	M	N	Q	A	R	L	O	D	T	J	I	N	U	B	M
Z	H	G	E	G	P	Y	C	B	I	L	V	L	N	W	A	S	Y	X
G	C	K	L	A	F	P	T	L	V	L	I	X	M	G	I	D	X	L
B	R	E	A	K	B	A	L	L	W	S	R	Y	U	A	O	C	C	H
J	B	M	O	B	P	K	H	H	G	T	D	U	T	L	B	J	T	E
A	E	O	W	I	I	C	J	G	E	U	L	W	P	H	B	R	R	Z
D	K	H	P	R	I	T	G	H	U	H	C	V	Q	C	Q	B	H	A
M	R	D	L	X	H	B	M	Y	M	L	P	W	V	S	K	N	K	X
Y	Y	H	R	M	K	B	M	A	S	T	E	R	S	F	O	C	N	P
Y	O	N	O	A	W	G	P	C	K	E	X	V	I	U	T	I	W	X
X	C	S	E	F	L	K	N	H	H	N	X	G	R	A	L	L	Y	G
Q	X	E	Q	H	C	L	T	P	G	N	N	O	T	N	K	H	Y	M
F	X	B	E	G	U	K	V	B	H	I	P	P	W	E	I	C	J	S
L	L	E	O	Z	X	S	G	B	X	S	I	E	B	N	V	B	O	E
C	R	R	E	I	N	S	T	A	N	D	Z	S	W	O	N	S	V	B
L	G	O	B	A	K	W	K	O	V	P	H	Y	O	N	Y	F	I	G
K	O	E	D	G	F	A	G	O	Z	J	C	V	O	A	F	X	K	B
Z	M	V	V	P	G	S	X	X	D	I	R	A	C	K	E	T	O	P
Z	A	I	K	W	Y	W	Z	A	W	H	X	L	N	L	D	U	V	Y
Z	H	R	C	T	M	O	H	T	M	X	K	S	K	P	L	W	V	L
L	Q	D	N	D	B	E	C	W	V	D	Y	G	V	Z	P	X	D	F
M	V	C	J	E	T	T	N	L	P	B	N	A	A	Q	V	P	X	M

17

ROLLSTUHLTENNIS
ATP
EINSTAND
DRIVE
BREAKBALL

DRALL
RALLY
RACKET
KANONENAUFSCHLAG
MASTERS

Lösung

W	U	O	Y	K	E	Y	J	S	J	O	A	O	V	F	E	V	K	Y
R	I	Q	E	E	A	E	B	L	E	R	A	Z	W	K	E	J	L	N
L	G	L	V	M	N	Q	A	R	L	O	D	T	J	I	N	U	B	M
Z	H	G	E	G	P	Y	C	B	I	L	V	L	N	W	A	S	Y	X
G	C	K	L	A	F	P	T	L	V	L	I	X	M	G	I	D	X	L
B	R	E	A	K	B	A	L	L	W	S	R	Y	U	A	O	C	C	H
J	B	M	O	B	P	K	H	H	G	T	D	U	T	L	B	J	T	E
A	E	O	W	I	I	C	J	G	E	U	L	W	P	H	B	R	R	Z
D	K	H	P	R	I	T	G	H	U	H	C	V	Q	C	Q	B	H	A
M	R	D	L	X	H	B	M	Y	M	L	P	W	V	S	K	N	K	X
Y	Y	H	R	M	K	B	M	A	S	T	E	R	S	F	O	C	N	P
Y	O	N	O	A	W	G	P	C	K	E	X	V	I	U	T	I	W	X
X	C	S	E	F	L	K	N	H	H	N	X	G	R	A	L	L	Y	G
Q	X	E	Q	H	C	L	T	P	G	N	N	O	T	N	K	H	Y	M
F	X	B	E	G	U	K	V	B	H	I	P	P	W	E	I	C	J	S
L	L	E	O	Z	X	S	G	B	X	S	I	E	B	N	V	B	O	E
C	R	R	E	I	N	S	T	A	N	D	Z	S	W	O	N	S	V	B
L	G	O	B	A	K	W	K	O	V	P	H	Y	O	N	Y	F	I	G
K	O	E	D	G	F	A	G	O	Z	J	C	V	O	A	F	X	K	B
Z	M	V	V	P	G	S	X	X	D	I	R	A	C	K	E	T	O	P
Z	A	I	K	W	Y	W	Z	A	W	H	X	L	N	L	D	U	V	Y
Z	H	R	C	T	M	O	H	T	M	X	K	S	K	P	L	W	V	L
L	Q	D	N	D	B	E	C	W	V	D	Y	G	V	Z	P	X	D	F
M	V	C	J	E	T	T	N	L	P	B	N	A	A	Q	V	P	X	M

N B U Q K A Y C O V E R G R I P W Y H
H K H H N X S N G C J B L D M G Y B J
C N W Z Z V Z F G J X X G P A T U E M
O W R X P J L U V B L V X T D F V H T
J L X Q A K Z F U F S M Y C U X Z J Q
W A C H T E L F I N A L E S E W T U A
S V F X O X D A E Q L T H X K H A F T
Q W Y E L V I N B D G D D X H Y B O V
G G D O H P T X I A K R E T U R N S U
U E I E P Z R N C K E Z S T H H E M C
Y S I M L E C Q I W L R D S E K C B Z
Z O M G P P T A H O A L O O Y N L S L
S C T I C B Q S T C P Z A Q Y V N U C
I V C H X A B E I E B H C B Q Q T I V
F P K M K E B Q P L P R C I S Y G S S
A M Y U M T Z I B E G E E T Q H T O R
W S G Y Y U L M T D C N H A A J J G B
T U Q Z F J S D V P Q N A L K M K H E
A F O F U N N M V Y R F D R V D H F E
O Q Y G E V D J A X C S O T F F A E C
R Q D L H L L G J U N A S V T M Y Y I
E Z E B G R P A B U V Z R A H T L B L
W V V P L I E T R O V G E W S S S T M
V F K Q L E Z J C K V F D V M U S L U

BREAK
MATCHPOINT
ACHTELFINALE
RETURN
WTA

OVERGRIP
VORTEIL
RANGLISTE
TENNIS
BALLKIND

Lösung

N	B	U	Q	K	A	Y	C	O	V	E	R	G	R	I	P	W	Y	H
H	K	H	H	N	X	S	N	G	C	J	B	L	D	M	G	Y	B	J
C	N	W	Z	Z	V	Z	F	G	J	X	X	G	P	A	T	U	E	M
O	W	R	X	P	J	L	U	V	B	L	V	X	T	D	F	V	H	T
J	L	X	Q	A	K	Z	F	U	F	S	M	Y	C	U	X	Z	J	Q
W	A	C	H	T	E	L	F	I	N	A	L	E	S	E	W	T	U	A
S	V	F	X	O	X	D	A	E	Q	L	T	H	X	K	H	A	F	T
Q	W	Y	E	L	V	I	N	B	D	G	D	D	X	H	Y	B	O	V
G	G	D	O	H	P	T	X	I	A	K	R	E	T	U	R	N	S	U
U	E	I	E	P	Z	R	N	C	K	E	Z	S	T	H	H	E	M	C
Y	S	I	M	L	E	C	Q	I	W	L	R	D	S	E	K	C	B	Z
Z	O	M	G	P	P	T	A	H	O	A	L	O	O	Y	N	L	S	L
S	C	T	I	C	B	Q	S	T	C	P	Z	A	Q	Y	V	N	U	C
I	V	C	H	X	A	B	E	I	E	B	H	C	B	Q	Q	T	I	V
F	P	K	M	K	E	B	Q	P	L	P	R	C	I	S	Y	G	S	S
A	M	Y	U	M	T	Z	I	B	E	G	E	E	T	Q	H	T	O	R
W	S	G	Y	Y	U	L	M	T	D	C	N	H	A	A	J	J	G	B
T	U	Q	Z	F	J	S	D	V	P	Q	N	A	L	K	M	K	H	E
A	F	O	F	U	N	N	M	V	Y	R	F	D	R	V	D	H	F	E
O	Q	Y	G	E	V	D	J	A	X	C	S	O	T	F	F	A	E	C
R	Q	D	L	H	L	L	G	J	U	N	A	S	V	T	M	Y	Y	I
E	Z	E	B	G	R	P	A	B	U	V	Z	R	A	H	T	L	B	L
W	V	V	P	L	I	E	T	R	O	V	G	E	W	S	S	S	T	M
V	F	K	Q	L	E	Z	J	C	K	V	F	D	V	M	U	S	L	U

DAS

GOLF

WORTSUCHRÄTSEL BUCH

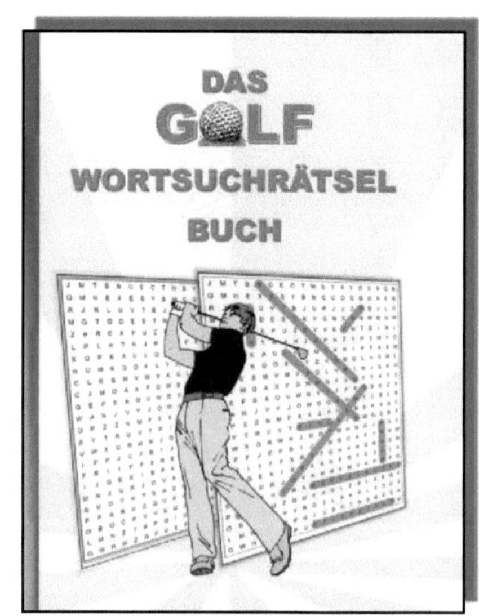

J	M	T	B	N	C	E	C	T	W	S	Y	A	Y	O	U	A	Q	B
Q	M	H	E	X	E	S	Y	B	M	C	G	O	C	Q	U	A	E	B
R	J	R	L	U	V	T	B	J	U	R	J	J	Z	S	G	J	L	O
M	G	T	O	D	E	S	T	K	H	G	N	X	S	N	W	O	G	W
Z	H	R	C	X	P	U	Z	O	V	V	E	A	M	T	G	I	N	L
L	P	L	H	T	H	J	H	J	S	P	N	Z	Y	P	V	W	V	O
X	O	P	K	A	U	L	O	D	Q	C	K	R	I	P	T	A	A	M
H	U	M	K	D	O	X	L	Y	Z	H	O	R	O	L	V	G	W	L
C	L	E	S	M	V	M	V	A	G	L	V	R	I	H	J	C	K	U
C	J	M	O	A	X	F	D	W	B	G	F	U	E	F	Y	A	T	Z
G	E	F	S	A	O	U	W	D	V	T	F	P	R	S	B	K	Z	V
W	A	N	J	V	Y	J	O	W	U	Q	S	H	W	T	C	B	L	D
D	P	Z	Z	N	M	F	X	X	Z	H	O	E	N	S	K	A	A	C
X	Y	T	R	U	V	T	P	I	H	C	A	Z	B	W	Q	O	B	T
U	W	X	O	R	W	N	J	D	D	T	M	H	K	D	J	P	S	C
I	F	F	J	C	F	B	I	J		N	G	C	A	F	T	R	N	W
F	R	I	I	F	F	X	R	S	T	G	H	V	N	C	K	O	Q	N
I	J	G	E	X	I	B	P	X	K	H	F	G	T	E	J	A	J	X
M	N	J	U	R	J	O	V	A	M	M	F	M	V	K	P	M	P	D
S	U	D	T	H	T	N	A	D	O	P	P	E	L	B	O	G	E	Y
P	P	A	R	U	Z	Q	U	X	A	D	L	E	S	L	X	K	Q	P
O	B	O	C	P	V	V	N	G	J	L	A	K	P	L	Y	O	C	Z
L	M	N	E	T	B	P	G	I	U	S	H	T	N	G	G	Z	S	N
G	W	H	W	Z	G	P	U	E	F	I	E	R	Z	T	A	L	P	W

1

DOPPELBOGEY
LOCH
SWEAT SPOT
BESTBALL
PAR

PLATZREIFE
NETTOSCORE
PROAM
CHIP
ASS

Lösung

J	M	T	B	N	C	E	C	T	W	S	Y	A	Y	O	U	A	Q	B
Q	M	H	E	X	E	S	Y	B	M	C	G	O	C	Q	U	A	E	B
R	J	R	L	U	V	T	B	J	U	R	J	J	Z	S	G	J	L	O
M	G	T	O	D	E	S	T	K	H	G	N	X	S	N	W	O	G	W
Z	H	R	C	X	P	U	Z	O	V	V	E	A	M	T	G	I	N	L
L	P	L	H	T	H	J	H	J	S	P	N	Z	Y	P	V	W	V	O
X	O	P	K	A	U	L	O	D	Q	C	K	R	I	P	T	A	A	M
H	U	M	K	D	O	X	L	Y	Z	H	O	R	O	L	V	G	W	L
C	L	E	S	M	V	M	V	A	G	L	V	R	I	H	J	C	K	U
C	J	M	O	A	X	F	D	W	B	G	F	U	E	F	Y	A	T	Z
G	E	F	S	A	O	U	W	D	V	T	F	P	R	S	B	K	Z	V
W	A	N	J	V	Y	J	O	W	U	Q	S	H	W	T	C	B	L	D
D	P	Z	Z	N	M	F	X	X	Z	H	O	E	N	S	K	A	A	C
X	Y	T	R	U	V	T	P	I	H	C	A	Z	B	W	Q	O	B	T
U	W	X	O	R	W	N	J	D	D	T	M	H	K	D	J	P	S	C
I	F	F	J	C	F	B	I	J		N	G	C	A	F	T	R	N	W
F	R	I	I	F	F	X	R	S	T	G	H	V	N	C	K	O	Q	N
I	J	G	E	X	I	B	P	X	K	H	F	G	T	E	J	A	J	X
M	N	J	U	R	J	O	V	A	M	M	F	M	V	K	P	M	P	D
S	U	D	T	H	T	N	A	D	O	P	P	E	L	B	O	G	E	Y
P	P	A	R	U	Z	Q	U	X	A	D	L	E	S	L	X	K	Q	P
O	B	O	C	P	V	V	N	G	J	L	A	K	P	L	Y	O	C	Z
L	M	N	E	T	B	P	G	I	U	S	H	T	N	G	G	Z	S	N
G	W	H	W	Z	G	P	U	E	F	I	E	R	Z	T	A	L	P	W

S	E	T	U	M	V	W	A	U	G	S	C	E	K	S	A	W	G	Z
I	W	T	Z	V	F	N	K	J	N	X	Q	Q	W	J	B	E	N	N
G	R	E	X	R	L	N	Q	G	I	F	N	E	V	C	U	G	W	U
N	B	F	P	D	Y	R	D	P	N	J	F	N	S	T	M	J	B	C
A	A	X	G	R	Q	F	N	X	I	P	T	N	G	U	F	L	I	W
T	K	N	R	L	N	M	U	T	A	D	X	A	D	L	R	C	U	A
U	F	V	L	I	X	W	I	I	R	T	F	L	D	J	T	R	Q	D
R	C	Q	U	P	E	F	H	K	T	W	F	V	I	L	E	U	V	E
E	X	H	U	A	T	G	D	F	T	S	P	M	R	T	E	G	J	I
K	Q	A	A	W	U	O	C	Y	F	P	E	R	S	E	B	A	D	D
A	I	C	K	O	N	I	N	O	A	S	W	I	C	B	W	G	E	P
E	P	A	R	J	X	O	D	W	R	I	E	P	X	Q	F	M	H	N
Z	W	G	Q	G	T	R	C	E	K	M	I	D	O	H	Y	W	P	T
E	W	Y	M	O	E	S	L	B	T	C	Q	Z	P	N	W	H	D	Y
R	A	D	D	C	Y	O	P	L	F	X	L	O	N	A	Z	A	T	E
L	O	Y	P	U	H	I	E	U	Z	Y	Y	D	E	V	Q	C	B	O
B	F	A	F	D	E	W	A	M	V	E	T	P	S	V	T	B	V	F
F	X	T	M	K	E	V	O	K	L	H	D	G	I	Q	E	T	Y	A
Q	J	N	H	A	T	L	G	K	X	Q	E	A	E	L	V	M	G	M
X	I	X	J	L	P	I	N	N	A	C	L	E	F	Q	K	P	H	X
C	C	V	S	B	H	E	E	C	N	A	T	S	I	D	L	T	E	R
N	S	K	V	N	Z	F	C	Z	R	L	A	M	O	Y	P	G	Y	U
I	Q	O	Y	Y	L	I	C	A	X	E	H	Z	D	H	P	Y	J	V
G	J	M	A	U	H	T	C	R	Y	D	Z	G	K	N	L	X	B	C

FADE
KRAFTTRAINING
SIGNATURE HOLE
FETT
DISTANCE

PINNACLE
LPGA
SEMI ROUGH
EISEN
WELTMEISTER

Lösung

S	E	T	U	M	V	W	A	U	G	S	C	E	K	S	A	W	G	Z
I	W	T	Z	V	F	N	K	J	N	X	Q	Q	W	J	B	E	N	N
G	R	E	X	R	L	N	Q	G	I	F	N	E	V	C	U	G	W	U
N	B	F	P	D	Y	R	D	P	N	J	F	N	S	T	M	J	B	C
A	A	X	G	R	Q	F	N	X	I	P	T	N	G	U	F	L	I	W
T	K	N	R	L	N	M	U	T	A	D	X	A	D	L	R	C	U	A
U	F	V	L	I	X	W	I	I	R	T	F	L	D	J	T	R	Q	D
R	C	Q	U	P	E	F	H	K	T	W	F	V	I	L	E	U	V	E
E	X	H	U	A	T	G	D	F	T	S	P	M	R	T	E	G	J	I
K	Q	A	A	W	U	O	C	Y	F	P	E	R	S	E	B	A	D	D
A	I	C	K	O	N	I	N	O	A	S	W	I	C	B	W	G	E	P
E	P	A	R	J	X	O	D	W	R	I	E	P	X	Q	F	M	H	N
Z	W	G	Q	G	T	R	C	E	K	M	I	D	O	H	Y	W	P	T
E	W	Y	M	O	E	S	L	B	T	C	Q	Z	P	N	W	H	D	Y
R	A	D	D	C	Y	O	P	L	F	X	L	O	N	A	Z	A	T	E
L	O	Y	P	U	H	I	E	U	Z	Y	Y	D	E	V	Q	C	B	O
B	F	A	F	D	E	W	A	M	V	E	T	P	S	V	T	B	V	F
F	X	T	M	K	E	V	O	K	L	H	D	G	I	Q	E	T	Y	A
Q	J	N	H	A	T	L	G	K	X	Q	E	A	E	L	V	M	G	M
X	I	X	J	L	P	I	N	N	A	C	L	E	F	Q	K	P	H	X
C	C	V	S	B	H	E	E	C	N	A	T	S	I	D	L	T	E	R
N	S	K	V	N	Z	F	C	Z	R	L	A	M	O	Y	P	G	Y	U
I	Q	O	Y	Y	L	I	C	A	X	E	H	Z	D	H	P	Y	J	V
G	J	M	A	U	H	T	C	R	Y	D	Z	G	K	N	L	X	B	C

Q	X	K	Y	A	B	W	Z	N	A	F	V	Y	H	O	M	L	X	O
T	A	K	M	O	X	E	C	P	T	S	F	Q	R	P	Q	R	S	I
P	R	B	B	J	O	J	F	Q	Q	C	S	Y	I	E	D	K	W	X
A	Q	O	N	S	Q	U	A	R	E	Y	M	J	N	N	F	A	D	Y
L	Q	V	S	T	N	X	P	V	F	A	B	J	D	D	R	I	K	C
D	P	C	N	G	J	E	B	Q	T	D	X	V	S	Q	V	M	Z	S
P	K	F	P	B	N	N	P	C	A	Q	M	C	M	O	K	M	D	X
Y	U	K	A	O	M	U	H	P	H	A	O	U	Y	G	N	N	Y	C
Q	L	R	G	V	V	P	G	F	I	R	F	L	F	A	W	D	L	X
A	P	T	T	G	L	K	B	A	E	H	X	L	V	O	T	A	Q	R
O	N	O	G	A	L	O	S	K	R	B	C	L	M	I	U	R	G	R
X	V	Z	Y	B	V	Y	A	Y	S	T	W	A	D	E	P	C	D	W
B	R	Y	W	P	P	R	S	R	B	W	S	S	R	Z	Z	O	G	G
T	T	L	Y	C	T	E	F	B	B	D	X	U	Z	N	X	L	N	F
O	T	A	L	E	C	G	X	A	G	A	L	W	A	A	X	O	X	A
W	N	N	F	A	U	A	V	Q	B	Q	B	M	C	X	Z	M	Y	U
L	F	A	D	B	L	D	D	I	B	H	Z	I	H	M	R	I	W	N
Y	B	Y	U	H	V	R	C	C	Z	W	X	U	I	X	L	D	E	A
S	Y	K	F	O	M	A	C	G	D	D	I	X	J	K	B	F	D	L
G	S	W	M	U	Z	Y	A	B	O	Q	H	F	Y	M	B	Q	G	G
J	P	H	H	T	X	I	A	O	U	K	F	F	Q	Y	N	R	E	H
D	A	P	N	F	Z	G	Y	O	H	Y	K	J	S	I	D	C	X	B
I	Q	Z	J	I	B	S	U	K	S	J	R	A	M	Z	S	F	D	T
S	Z	E	G	T	U	U	P	A	T	F	C	Z	U	B	U	B	R	G

NALG
CHIPPEN
OPEN
SCOREKARTE
ALL SQUARE

OUTFIT
AUSTRAGUNGSORT
YARDAGE BOOK
GAP WEDGE
MATCHPLAY

Lösung

Q	X	K	Y	A	B	W	Z	N	A	F	V	Y	H	O	M	L	X	O
T	A	K	M	O	X	E	C	P	T	S	F	Q	R	P	Q	R	S	I
P	R	B	B	J	O	J	F	Q	Q	C	S	Y	I	E	D	K	W	X
A	Q	O	N	S	Q	U	A	R	E	Y	M	J	N	N	F	A	D	Y
L	Q	V	S	T	N	X	P	V	F	A	B	J	D	D	R	I	K	C
D	P	C	N	G	J	E	B	Q	T	D	X	V	S	Q	V	M	Z	S
P	K	F	P	B	N	N	P	C	A	Q	M	C	M	O	K	M	D	X
Y	U	K	A	O	M	U	H	P	H	A	O	U	Y	G	N	N	Y	C
Q	L	R	G	V	V	P	G	F	I	R	F	L	F	A	W	D	L	X
A	P	T	T	G	L	K	B	A	E	H	X	L	V	O	T	A	Q	R
O	N	O	G	A	L	O	S	K	R	B	C	L	M	I	U	R	G	R
X	V	Z	Y	B	V	Y	A	Y	S	T	W	A	D	E	P	C	D	W
B	R	Y	W	P	P	R	S	R	B	W	S	S	R	Z	Z	O	G	G
T	T	L	Y	C	T	E	F	B	B	D	X	U	Z	N	X	L	N	F
O	T	A	L	E	C	G	X	A	G	A	L	W	A	A	X	O	X	A
W	N	N	F	A	U	A	V	Q	B	Q	B	M	C	X	Z	M	Y	U
L	F	A	D	B	L	D	D	I	B	H	Z	I	H	M	R	I	W	N
Y	B	Y	U	H	V	R	C	C	Z	W	X	U	I	X	L	D	E	A
S	Y	K	F	O	M	A	C	G	D	D	I	X	J	K	B	F	D	L
G	S	W	M	U	Z	Y	A	B	O	Q	H	F	Y	M	B	Q	G	G
J	P	H	H	T	X	I	A	O	U	K	F	F	Q	Y	N	R	E	H
D	A	P	N	F	Z	G	Y	O	H	Y	K	J	S	I	D	C	X	B
I	Q	Z	J	I	B	S	U	K	S	J	R	A	M	Z	S	F	D	T
S	Z	E	G	T	U	U	P	A	T	F	C	Z	U	B	U	B	R	G

G	N	I	N	I	A	R	T	S	S	E	N	T	I	F	G	H	O	L
C	F	N	H	G	V	V	O	I	H	J	P	M	A	H	A	D	P	U
A	S	K	O	I	N	V	P	C	Q	L	O	Q	Y	A	L	D	I	U
H	E	Y	E	I	E	R	N	C	T	H	U	W	H	X	H	D	T	T
Y	M	P	D	G	M	Q	J	E	S	T	U	Y	H	W	C	Z	C	Y
G	P	K	W	B	F	O	I	F	Z	Z	H	V	J	M	S	R	H	R
A	R	U	G	P	X	G	V	G	B	B	C	V	B	G	F	X	M	V
Q	S	X	V	G	H	L	R	B	D	H	S	F	C	S	A	E	A	Y
Z	T	C	N	V	W	Y	J	E	V	D	E	I	T	M	R	C	R	J
V	T	Q	X	B	D	G	H	T	E	A	F	A	N	R	T	F	K	T
L	W	N	W	L	Z	W	S	G	J	N	B	R	Q	M	S	W	E	E
A	H	R	I	Q	E	F	S	D	M	L	K	X	Y	A	M	L	R	C
T	V	P	N	U	B	N	G	D	E	L	C	E	L	D	O	E	C	H
I	O	B	P	U	F	K	T	F	O	G	O	M	E	T	G	M	H	N
C	H	M	R	K	E	C	O	E	U	F	K	R	X	P	Y	O	T	I
A	X	A	S	A	B	R	A	C	V	F	F	R	Y	V	E	X	K	K
K	S	Z	N	V	D	A	T	K	H	O	C	E	C	D	A	R	Q	T
J	Y	C	H	D	M	N	K	F	C	N	O	Z	Q	M	K	Y	Q	R
U	F	Z	N	N	S	J	J	S	J	Z	X	R	I	K	K	J	D	A
M	N	I	I	L	W	M	O	E	C	N	U	H	G	D	J	U	Y	I
Q	C	O	M	X	E	B	G	T	G	L	A	E	M	D	C	Q	X	N
G	Z	D	C	N	I	G	O	T	S	X	M	F	V	V	L	C	G	I
D	H	W	E	L	T	K	L	A	S	S	E	M	F	D	M	S	Z	N
M	N	I	U	W	R	U	X	I	S	H	A	K	E	O	C	U	B	G

PITCHMARKE
SHAKE HANDS
TECHNIKTRAINING
WELTKLASSE
STRAFSCHLAG

HEMMNIS
STABLEFORD
GREENKEEPER
FITNESSTRAINING
GROOVE

Lösung

G	N	I	N	I	A	R	T	S	S	E	N	T	I	F	G	H	O	L
C	F	N	H	G	V	V	O	I	H	J	P	M	A	H	A	D	P	U
A	S	K	O	I	N	V	P	C	Q	L	O	Q	Y	A	L	D	I	U
H	E	Y	E	I	E	R	N	C	T	H	U	W	H	X	H	D	T	T
Y	M	P	D	G	M	Q	J	E	S	T	U	Y	H	W	C	Z	C	Y
G	P	K	W	B	F	O	I	F	Z	Z	H	V	J	M	S	R	H	R
A	R	U	G	P	X	G	V	G	B	B	C	V	B	G	F	X	M	V
Q	S	X	V	G	H	L	R	B	D	H	S	F	C	S	A	E	A	Y
Z	T	C	N	V	W	Y	J	E	V	D	E	I	T	M	R	C	R	J
V	T	Q	X	B	D	G	H	T	E	A	F	A	N	R	T	F	K	T
L	W	N	W	L	Z	W	S	G	J	N	B	R	Q	M	S	W	E	E
A	H	R	I	Q	E	F	S	D	M	L	K	X	Y	A	M	L	R	C
T	V	P	N	U	B	N	G	D	E	L	C	E	L	D	O	E	C	H
I	O	B	P	U	F	K	T	F	O	G	O	M	E	T	G	M	H	N
C	H	M	R	K	E	C	O	E	U	F	K	R	X	P	Y	O	T	I
A	X	A	S	A	B	R	A	C	V	F	F	R	Y	V	E	X	K	K
K	S	Z	N	V	D	A	T	K	H	O	C	E	C	D	A	R	Q	T
J	Y	C	H	D	M	N	K	F	C	N	O	Z	Q	M	K	Y	Q	R
U	F	Z	N	N	S	J	J	S	J	Z	X	R	I	K	K	J	D	A
M	N	I	I	L	W	M	O	E	C	N	U	H	G	D	J	U	Y	I
Q	C	O	M	X	E	B	G	T	G	L	A	E	M	D	C	Q	X	N
G	Z	D	C	N	I	G	O	T	S	X	M	F	V	V	L	C	G	I
D	H	W	E	L	T	K	L	A	S	S	E	M	F	D	M	S	Z	N
M	N	I	U	W	R	U	X	I	S	H	A	K	E	O	C	U	B	G

J	C	P	Z	H	M	L	D	O	K	R	C	D	P	T	P	K	Y	W
Y	R	I	M	O	V	F	V	Q	Z	N	R	U	B	U	F	J	P	X
P	B	B	V	U	M	S	Y	Q	R	E	E	D	C	D	T	Q	D	M
R	S	X	G	G	G	O	G	L	Y	N	N	Q	E	F	K	B	Z	L
O	C	Z	O	R	N	C	W	X	L	J	N	B	W	J	W	N	I	B
U	J	B	K	D	J	U	I	N	D	S	I	I	Z	P	K	I	M	A
F	F	C	S	C	Z	N	D	Y	R	N	W	M	S	U	W	B	O	P
E	I	D	U	R	O	Y	P	P	V	A	E	Y	I	R	J	B	D	T
T	M	G	E	I	T	S	F	U	A	F	G	V	N	V	D	N	H	B
I	I	K	O	M	R	X	Q	M	N	M	M	R	G	G	B	R	A	A
C	X	O	G	E	T	Z	Q	L	G	K	B	H	V	E	V	W	M	L
U	O	F	T	V	F	T	N	F	E	H	T	J	H	I	Y	X	E	L
D	I	O	S	B	X	U	Q	L	G	M	P	E	J	K	N	D	B	M
V	L	Y	S	A	Q	D	X	E	E	T	J	R	S	Q	G	G	A	A
S	P	E	X	F	A	F	R	U	N	G	S	B	J	T	I	C	A	R
R	P	U	G	S	F	J	E	O	E	T	J	I	F	F	A	I	H	K
R	S	K	A	S	O	U	Z	P	R	M	I	T	K	H	R	N	A	E
D	H	O	N	T	I	C	H	T	A	S	C	E	V	S	N	X	D	R
I	Z	H	V	P	R	E	Z	J	N	Q	U	Q	H	Q	I	K	W	B
K	H	K	D	Q	D	T	R	B	A	L	H	O	A	V	I	R	D	W
W	I	S	V	W	P	L	B	P	L	O	T	Z	P	T	C	N	G	X
T	D	F	G	H	S	P	H	X	Y	S	F	V	G	Z	M	P	A	Q
Q	U	K	T	I	W	Y	W	T	S	C	F	M	U	C	F	D	M	R
R	H	C	X	E	R	O	F	D	E	W	V	W	T	M	M	V	L	D

5

FANS
GEWINNER
AIRSHOT
PUNKTESTAND
CUT

AUFSTIEG
GEGENERANALYSE
FORE
BALLMARKER
PREISGELD

Lösung

J C P Z H M L D O K R C D P T P K Y W
Y R I M O V F V Q Z N R U B U F J P X
P B B V U M S Y Q R E E D C D T Q D M
R S X G G G O G L Y N N Q E F K B Z L
O C Z O R N C W X L J N B W J W N I B
U J B K D J U I N D S I I Z P K I M A
F F C S C Z N D Y R N W M S U W B O P
E I D U R O Y P P V A E Y I R J B D T
T M G E I T S F U A F G V N V D N H B
I I K O M R X Q M N M M R G G B R A A
C X O G E T Z Q L G K B H V E V W M L
U O F T V F T N F E H T J H I Y X E L
D I O S B X U Q L G M P E J K N D B M
V L Y S A Q D X E E T J R S Q G G A A
S P E X F A F R U N G S B J T I C A R
R P U G S F J E O E T J I F F A I H K
R S K A S O U Z P R M I T K H R N A E
D H O N T I C H T A S C E V S N X D R
I Z H V P R E Z J N Q U Q H Q I K W B
K H K D Q D T R B A L H O A V I R D W
W I S V W P L B P L O T Z P T C N G X
T D F G H S P H X Y S F V G Z M P A Q
Q U K T I W Y W T S C F M U C F D M R
R H C X E R O F D E W V W T M M V L D

A	R	U	G	K	J	I	B	P	A	B	R	M	U	O	Z	O	M	F
M	P	K	C	N	H	A	F	L	B	V	F	O	J	E	L	Q	Z	M
P	X	Q	E	J	U	I	B	Q	Q	Y	K	D	T	M	G	Q	U	T
X	M	L	F	M	K	R	M	S	Z	D	I	L	S	U	U	U	K	M
D	W	E	R	H	I	X	E	W	T	F	W	B	H	L	B	H	O	P
M	D	Z	F	H	J	S	U	I	F	I	B	X	R	L	A	E	Q	D
W	G	W	I	Y	B	M	C	L	K	Q	E	T	A	I	K	L	N	N
Z	T	A	D	Z	V	W	B	M	X	A	I	G	G	G	S	W	J	R
B	H	N	Q	W	N	E	F	D	Y	Z	M	Z	B	A	I	N	G	Z
Z	U	N	W	Q	Q	H	R	Z	N	X	P	L	U	N	E	E	E	P
P	E	H	M	L	R	B	A	L	Z	H	F	A	T	G	G	A	N	C
C	I	A	Y	R	K	E	Y	W	E	U	P	Q	M	U	E	P	H	J
C	R	F	A	I	R	P	L	A	Y	T	S	R	M	D	R	G	W	L
F	B	N	H	M	O	A	Q	G	E	J	Z	C	E	A	E	F	V	F
K	I	G	R	L	L	Y	O	Z	H	D	E	U	H	G	H	M	Y	H
X	E	G	A	L	R	E	D	E	I	N	C	H	N	A	R	W	W	B
G	E	W	L	Z	N	V	E	W	U	E	H	R	X	G	U	F	F	K
T	C	G	E	T	W	D	D	X	N	O	C	L	O	E	N	E	N	U
I	X	S	Z	H	U	M	X	S	U	A	L	P	P	A	G	W	R	E
V	Z	K	T	T	D	K	W	R	H	A	L	I	A	K	M	K	J	B
C	L	E	W	O	L	K	Q	G	I	K	D	O	H	A	R	G	S	U
R	C	V	M	F	F	M	K	G	N	O	M	K	K	O	P	U	Y	N
G	A	Q	H	B	F	P	J	J	L	J	C	G	P	V	M	L	S	G
P	W	K	U	B	R	Z	Y	U	Z	F	G	X	K	N	R	G	R	X

MULLIGAN
APPLAUS
ABSTIEG
FAIRPLAY
MAKIERUNG

UEBUNG
VERLETZUNG
SIEGEREHRUNG
ZUSCHAUER
NIEDERLAGE

Lösung

A R U G K J I B P A B R M U O Z O M F
M P K C N H A F L B V F O J E L Q Z M
P X Q E J U I B Q Q Y K D T M G Q U T
X M L F M K R M S Z D I L S U U U K M
D W E R H I X E W T F W B H L B H O P
M D Z F H J S U I F I B X R L A E Q D
W G W I Y B M C L K Q E T A I K L N N
Z T A D Z V W B M X A I G G G S W J R
B H N Q W N E F D Y Z M Z B A I N G Z
Z U N W Q Q H R Z N X P L U N E E E P
P E H M L R B A L Z H F A T G G A N C
C I A Y R K E Y W E U P Q M U E P H J
C R F A I R P L A Y T S R M D R G W L
F B N H M O A Q G E J Z C E A E F V F
K I G R L L Y O Z H D E U H G H M Y H
X E G A L R E D E I N C H N A R W W B
G E W L Z N V E W U E H R X G U F F K
T C G E T W D D X N O C L O E N E N U
I X S Z H U M X S U A L P P A G W R E
V Z K T T D K W R H A L I A K M K J B
C L E W O L K Q G I K D O H A R G S U
R C V M F F M K G N O M K K O P U Y N
G A Q H B F P J J L J C G P V M L S G
P W K U B R Z Y U Z F G X K N R G R X

Z T C Z E O U U A E Q F M T W B T K Q
N N W F B R F Q T K J J T B K W K P M
X M J P I Y A M D O K A F B X I R P T
R H R P P K D U N J E C L P K A R O K
V R J B M I H V Q A Q M Z R E F L R S
L K R T R Y M Q U S N O R M Q F A W M
J I O V M A A J B T A E I Y H F K Z U
B P V V M R N T X Z C E N U T V X H F
M P N U G G J H I H B L G A E D F O G
E Y L Y S N F M I P P N W Y C Z S E J
N L G L A I O G N F P V C M N N G U Z
X E Z W L T G R R J Y Q C F E U S D R
A N M L B T X R P F V Z W J Q T A M M
I O W J R U A Z G O M U F V Y V M O O
F Q K A Q P S U V K F P M J O H V T S
U R H D T O I K T N M B J N G J G I C
K B V G R E E N F E E Y N L Y R Z V T
N G R X R Y A M P B Z E K Q W S I A B
G N U T S E U R S U A M M E N Y P T M
I R E L H E F R E G N E A F N A L I S
K A D K U G R E E N H C T I P E U O I
V R R I W I J I J Y A A N T E B I N H
G K S F J J H S E H B S K H Q L L Y L
Q W O X L K B K M D W G O D Z K B A E

PUTTING GREEN
HEEL
ANFAENGERFEHLER
MOTIVATION
PITCH

GREENFEE
KRAFT
SQUARE
PRAEMIE
AUSRUESTUNG

Lösung

Z	T	C	Z	E	O	U	U	A	E	Q	F	M	T	W	B	T	K	Q
N	N	W	F	B	R	F	Q	T	K	J	J	T	B	K	W	K	P	M
X	M	J	P	I	Y	A	M	D	O	K	A	F	B	X	I	R	P	T
R	H	R	P	P	K	D	U	N	J	E	C	L	P	K	A	R	O	K
V	R	J	B	M	I	H	V	Q	A	Q	M	Z	R	E	F	L	R	S
L	K	R	T	R	Y	M	Q	U	S	N	O	R	M	Q	F	A	W	M
J	I	O	V	M	A	A	J	B	T	A	E	I	Y	H	F	K	Z	U
B	P	V	V	M	R	N	T	X	Z	C	E	N	U	T	V	X	H	F
M	P	N	U	G	G	J	H	I	H	B	L	G	A	E	D	F	O	G
E	Y	L	Y	S	N	F	M	I	P	P	N	W	Y	C	Z	S	E	J
N	L	G	L	A	I	O	G	N	F	P	V	C	M	N	N	G	U	Z
X	E	Z	W	L	T	G	R	R	J	Y	Q	C	F	E	U	S	D	R
A	N	M	L	B	T	X	R	P	F	V	Z	W	J	Q	T	A	M	M
I	O	W	J	R	U	A	Z	G	O	M	U	F	V	Y	V	M	O	O
F	Q	K	A	Q	P	S	U	V	K	F	P	M	J	O	H	V	T	S
U	R	H	D	T	O	I	K	T	N	M	B	J	N	G	J	G	I	C
K	B	V	G	R	E	E	N	F	E	E	Y	N	L	Y	R	Z	V	T
N	G	R	X	R	Y	A	M	P	B	Z	E	K	Q	W	S	I	A	B
G	N	U	T	S	E	U	R	S	U	A	M	M	E	N	Y	P	T	M
I	R	E	L	H	E	F	R	E	G	N	E	A	F	N	A	L	I	S
K	A	D	K	U	G	R	E	E	N	H	C	T	I	P	E	U	O	I
V	R	R	I	W	I	J	I	J	Y	A	A	N	T	E	B	I	N	H
G	K	S	F	J	J	H	S	E	H	B	S	K	H	Q	L	L	Y	L
Q	W	O	X	L	K	B	K	M	D	W	G	O	D	Z	K	B	A	E

M	Z	M	L	K	M	P	I	V	X	H	M	N	Z	Y	N	P	G	C
L	I	V	K	E	V	Y	L	T	B	G	D	W	J	V	J	E	B	J
M	O	X	Z	J	F	B	W	H	J	D	N	E	G	L	L	W	N	B
U	V	O	J	F	W	F	M	J	S	T	I	F	M	Y	L	F	R	W
H	W	A	H	G	N	A	R	H	N	D	G	S	W	Q	I	A	K	D
X	F	X	K	L	X	W	C	X	R	T	F	Z	F	D	D	K	R	K
V	Q	W	J	R	X	Y	R	I	O	O	O	V	L	E	R	T	J	D
K	Y	V	J	I	L	J	B	O	M	G	E	D	N	S	R	N	N	E
K	Y	M	F	A	J	S	U	D	H	N	D	W	U	O	O	K	N	Z
S	W	S	D	I	C	F	Z	O	T	X	P	J	P	Z	T	V	V	S
A	T	E	S	A	O	G	U	E	C	P	L	H	P	X	F	T	A	G
U	M	K	F	F	W	H	G	C	S	F	A	S	K	R	R	T	H	I
Q	L	O	H	C	Q	M	J	Y	P	E	B	E	V	E	L	O	G	O
V	O	Q	O	U	T	Y	T	C	E	W	E	D	M	D	T	Y	B	V
Z	Z	L	E	P	O	N	D	G	V	E	D	M	O	Y	Z	S	D	L
P	C	O	J	E	B	A	C	K	S	P	I	N	J	R	O	B	P	L
J	U	B	D	O	N	R	Y	Y	V	D	J	D	I	Q	U	L	Y	E
T	B	N	H	H	N	Q	O	V	T	A	N	W	N	T	A	D	L	I
C	S	T	I	A	K	Y	O	M	A	O	Q	U	T	Y	F	M	Y	P
G	N	Z	X	F	F	R	N	K	G	U	L	T	O	F	E	X	H	X
Z	D	R	C	E	W	T	I	M	T	R	T	C	A	B	W	T	K	W
T	Y	G	L	D	L	I	J	J	I	Y	Q	H	Y	D	I	V	Q	E
A	U	X	P	G	X	Q	Q	O	N	V	V	X	H	A	C	G	I	C
X	P	P	X	J	H	S	M	M	P	R	A	O	Z	S	E	W	B	U

TROPHAEE	BIRDIE
OUT OF BOUNDS	RYDER CUP
BACKSPIN	DRALL
DGV	BUTT
LOB	MEDAL PLAY

Lösung

M	Z	M	L	K	M	P	I	V	X	H	M	N	Z	Y	N	P	G	C
L	I	V	K	E	V	Y	L	T	B	G	D	W	J	V	J	E	B	J
M	O	X	Z	J	F	B	W	H	J	D	N	E	G	L	L	W	N	B
U	V	O	J	F	W	F	M	J	S	T	I	F	M	Y	L	F	R	W
H	W	A	H	G	N	A	R	H	N	D	G	S	W	Q	I	A	K	D
X	F	X	K	L	X	W	C	X	R	T	F	Z	F	D	D	K	R	K
V	Q	W	J	R	X	Y	R	I	O	O	O	V	L	E	R	T	J	D
K	Y	V	J	I	L	J	B	O	M	G	E	D	N	S	R	N	N	E
K	Y	M	F	A	J	S	U	D	H	N	D	W	U	O	O	K	N	Z
S	W	S	D	I	C	F	Z	O	T	X	P	J	P	Z	T	V	V	S
A	T	E	S	A	O	G	U	E	C	P	L	H	P	X	F	T	A	G
U	M	K	F	F	W	H	G	C	S	F	A	S	K	R	R	T	H	I
Q	L	O	H	C	Q	M	J	Y	P	E	B	E	V	E	L	O	G	O
V	O	Q	O	U	T	Y	T	C	E	W	E	D	M	D	T	Y	B	V
Z	Z	L	E	P	O	N	D	G	V	E	D	M	O	Y	Z	S	D	L
P	C	O	J	E	B	A	C	K	S	P	I	N	J	R	O	B	P	L
J	U	B	D	O	N	R	Y	Y	V	D	J	D	I	Q	U	L	Y	E
T	B	N	H	H	N	Q	O	V	T	A	N	W	N	T	A	D	L	I
C	S	T	I	A	K	Y	O	M	A	O	Q	U	T	Y	F	M	Y	P
G	N	Z	X	F	F	R	N	K	G	U	L	T	O	F	E	X	H	X
Z	D	R	C	E	W	T	I	M	T	R	T	C	A	B	W	T	K	W
T	Y	G	L	D	L	I	J	J	I	Y	Q	H	Y	D	I	V	Q	E
A	U	X	P	G	X	Q	Q	O	N	V	V	X	H	A	C	G	I	C
X	P	P	X	J	H	S	M	M	P	R	A	O	Z	S	E	W	B	U

W	W	H	P	L	H	V	L	Q	I	I	B	Q	P	F	M	B	T	A
Y	X	X	E	P	G	M	Y	G	O	Q	W	P	E	L	E	R	J	L
U	U	J	D	D	C	G	I	T	G	Q	T	E	L	S	J	T	F	C
X	B	D	L	O	L	C	C	A	R	S	E	B	N	W	D	S	R	Y
W	I	H	I	X	B	F	R	S	E	E	J	M	M	H	J	O	P	R
G	K	J	F	N	J	W	M	G	T	N	K	P	H	S	W	V	Q	X
H	Y	I	T	F	M	C	N	K	E	W	K	E	Q	N	F	Q	K	L
K	G	E	X	T	G	O	S	H	M	I	N	D	O	M	H	B	W	A
M	S	I	B	S	L	S	R	Q	E	G	B	C	R	G	L	I	Q	S
F	A	C	E	F	Q	E	L	I	I	Y	E	V	E	P	B	U	W	P
A	S	I	M	Z	W	O	V	N	H	K	P	W	V	E	O	J	K	Z
V	K	W	E	P	T	Y	E	I	W	S	I	Q	U	Y	H	N	G	G
L	W	N	N	Q	H	E	O	J	R	N	J	U	H	C	T	V	L	O
K	S	V	T	T	S	E	X	O	N	D	J	Y	C	H	B	O	G	Q
U	S	H	D	A	V	S	P	X	X	E	B	M	G	P	O	C	A	Z
E	E	T	Y	I	V	L	R	E	R	R	M	I	V	O	E	F	T	D
N	M	D	R	P	B	Z	N	G	E	R	L	C	H	L	F	N	Q	Y
R	V	D	L	S	E	S	L	A	W	F	E	G	J	W	H	P	X	U
O	T	U	W	G	Z	Z	W	F	A	P	R	E	C	W	X	W	N	S
E	Z	Q	E	T	W	M	L	R	F	T	O	F	M	S	Z	X	X	Y
U	G	X	P	Y	Z	Q	H	U	L	A	C	H	C	A	G	X	V	K
W	L	L	T	R	A	I	N	I	N	G	S	Q	O	G	T	K	O	R
K	G	B	U	Z	F	A	D	N	V	P	Q	G	A	A	Y	B	U	X
L	P	J	U	B	W	G	A	V	F	P	R	N	X	Q	F	K	W	E

TEE
DRIVE
CROWN
TRAINING
FLIGHT

LONGEST DRIVE
BULGE
FACE
SCORE
GEWINN

Lösung

W	W	H	P	L	H	V	L	Q	I	I	B	Q	P	F	M	B	T	A
Y	X	X	E	P	G	M	Y	G	O	Q	W	P	E	L	E	R	J	L
U	U	J	D	D	C	G	I	T	G	Q	T	E	L	S	J	T	F	C
X	B	D	L	O	L	C	C	A	R	S	E	B	N	W	D	S	R	Y
W	I	H	I	X	B	F	R	S	E	E	J	M	M	H	J	O	P	R
G	K	J	F	N	J	W	M	G	T	N	K	P	H	S	W	V	Q	X
H	Y	I	T	F	M	C	N	K	E	W	K	E	Q	N	F	Q	K	L
K	G	E	X	T	G	O	S	H	M	I	N	D	O	M	H	B	W	A
M	S	I	B	S	L	S	R	Q	E	G	B	C	R	G	L	I	Q	S
F	A	C	E	F	Q	E	L	I	I	Y	E	V	E	P	B	U	W	P
A	S	I	M	Z	W	O	V	N	H	K	P	W	V	E	O	J	K	Z
V	K	W	E	P	T	Y	E	I	W	S	I	Q	U	Y	H	N	G	G
L	W	N	N	Q	H	E	O	J	R	N	J	U	H	C	T	V	L	O
K	S	V	T	T	S	E	X	O	N	D	J	Y	C	H	B	O	G	Q
U	S	H	D	A	V	S	P	X	X	E	B	M	G	P	O	C	A	Z
E	E	T	Y	I	V	L	R	E	R	R	M	I	V	O	E	F	T	D
N	M	D	R	P	B	Z	N	G	E	R	L	C	H	L	F	N	Q	Y
R	V	D	L	S	E	S	L	A	W	F	E	G	J	W	H	P	X	U
O	T	U	W	G	Z	Z	W	F	A	P	R	E	C	W	X	W	N	S
E	Z	Q	E	T	W	M	L	R	F	T	O	F	M	S	Z	X	X	Y
U	G	X	P	Y	Z	Q	H	U	L	A	C	H	C	A	G	X	V	K
W	L	L	T	R	A	I	N	I	N	G	S	Q	O	G	T	K	O	R
K	G	B	U	Z	F	A	D	N	V	P	Q	G	A	A	Y	B	U	X
L	P	J	U	B	W	G	A	V	F	P	R	N	X	Q	F	K	W	E

G E R Y J E C T J S M M U I T E O N G
J H L D K L B B H I I L X I K O Y R T
C E S Z P O F R N Q U A I K D E G O Q
R A G A Z S K V E I N U Z Q R M K C O
E B T B V K E H X C R N Y M U Y G K E
E X H Z H V E C F N E X Z J R T F I A
H W T U L B S S S E N T I F B G N E Z
W U H B M F P I U S V N X O H F R F I
O J N W R N D H F A P L G A T K I J I
I L O J G L Y Q B O R E G G Y D D A C
Y J L M X R X B W G Y S F J F J W Q O
K C E G E E A G L E Y S B O R D A C J
I H J E W L W K R G J X V I S D A A Z
D C P N H R W K R F M P G Q B P G U N
O J Y Y Y A F B W N M S D G F P L H R
K F B M Q X V O N E R N A E H R U N G
Y F I H A H U W J E Q K Y Y L L O R T
P R A Q Q D I X W Y O C F L O G Q H G
M G F S M T G N O B P P X E L P E H N
K V R S O O E L X K O F L N I W B S W
R N E S C U V V R H X M V P O Y V O V
F B K Y R M K K V Y O W W T U G O U D
R B I G O D M C M J Y D U Z S S Y Z Q
Z E F W X E X C B M J O U T S O P C A

ERNAEHRUNG
FITNESS
GRUEN
CADDY
GOLF
TROLLY
ROCKIE
PGA
BOGEY
EAGLE

Lösung

G	E	R	Y	J	E	C	T	J	S	M	M	U	I	T	E	O	N	G
J	H	L	D	K	L	B	B	H	I	I	L	X	I	K	O	Y	R	T
C	E	S	Z	P	O	F	R	N	Q	U	A	I	K	D	E	G	O	Q
R	A	G	A	Z	S	K	V	E	I	N	U	Z	Q	R	M	K	C	O
E	B	T	B	V	K	E	H	X	C	R	N	Y	M	U	Y	G	K	E
E	X	H	Z	H	V	E	C	F	N	E	X	Z	J	R	T	F	I	A
H	W	T	U	L	B	S	S	S	E	N	T	I	F	B	G	N	E	Z
W	U	H	B	M	F	P	I	U	S	V	N	X	O	H	F	R	F	I
O	J	N	W	R	N	D	H	F	A	P	L	G	A	T	K	I	J	I
I	L	O	J	G	L	Y	Q	B	O	R	E	G	G	Y	D	D	A	C
Y	J	L	M	X	R	X	B	W	G	Y	S	F	J	F	J	W	Q	O
K	C	E	G	E	E	A	G	L	E	Y	S	B	O	R	D	A	C	J
I	H	J	E	W	L	W	K	R	G	J	X	V	I	S	D	A	A	Z
D	C	P	N	H	R	W	K	R	F	M	P	G	Q	B	P	G	U	N
O	J	Y	Y	Y	A	F	B	W	N	M	S	D	G	F	P	L	H	R
K	F	B	M	Q	X	V	O	N	E	R	N	A	E	H	R	U	N	G
Y	F	I	H	A	H	U	W	J	E	Q	K	Y	Y	L	L	O	R	T
P	R	A	Q	Q	D	I	X	W	Y	O	C	F	L	O	G	Q	H	G
M	G	F	S	M	T	G	N	O	B	P	P	X	E	L	P	E	H	N
K	V	R	S	O	O	E	L	X	K	O	F	L	N	I	W	B	S	W
R	N	E	S	C	U	V	V	R	H	X	M	V	P	O	Y	V	O	V
F	B	K	Y	R	M	K	K	V	Y	O	W	W	T	U	G	O	U	D
R	B	I	G	O	D	M	C	M	J	Y	D	U	Z	S	S	Y	Z	Q
Z	E	F	W	X	E	X	C	B	M	J	O	U	T	S	O	P	C	A

J	N	M	U	K	P	S	T	R	A	T	E	G	I	E	P	C	F	B
Z	F	D	Z	K	Y	M	G	H	D	H	L	S	T	R	O	K	E	N
U	A	P	Z	K	O	X	G	C	G	O	S	G	X	H	D	O	X	C
E	Y	V	L	N	F	H	L	R	O	L	E	C	A	Q	D	X	U	M
X	Z	A	R	J	X	J	I	M	Y	Z	B	P	D	Y	S	K	S	X
Q	F	D	A	T	L	F	O	S	F	R	Z	S	G	G	H	L	C	R
E	C	A	M	J	F	P	M	H	I	S	D	S	D	Y	L	T	I	W
H	D	H	B	H	G	R	G	F	L	E	X	G	G	Y	A	U	T	N
E	U	R	G	D	T	D	I	F	B	S	I	M	D	N	J	P	V	A
W	U	F	E	X	L	C	S	N	I	R	N	Z	F	U	S	M	I	E
D	W	Q	C	D	P	H	R	V	N	B	M	Y	L	V	X	A	P	W
V	E	R	L	U	S	T	N	Y	W	W	Q	G	N	L	T	T	S	A
I	N	T	E	R	L	O	O	K	Q	C	O	R	L	F	W	L	D	D
A	H	J	E	N	T	E	A	A	P	W	F	Y	C	A	J	A	Y	G
K	P	P	R	V	R	A	J	Z	H	B	P	K	A	Z	S	U	Y	T
C	J	T	G	S	C	R	H	J	T	Y	S	Q	C	A	N	B	B	N
Y	K	M	A	T	K	O	M	D	F	Q	Q	G	N	K	C	P	H	Q
T	O	H	P	I	G	X	O	R	P	T	A	K	T	I	K	F	T	M
W	X	T	S	H	C	J	H	A	N	D	I	C	A	P	C	K	Z	M
K	J	H	A	M	M	B	N	C	H	I	Y	Y	Y	I	J	Q	Q	F
N	H	U	Z	A	D	D	K	U	V	H	K	P	N	P	N	H	U	G
Q	C	U	J	H	E	N	L	I	X	U	C	D	U	E	N	N	Q	V
S	G	N	A	Y	Y	R	U	Q	T	I	E	S	R	I	V	F	K	L
K	U	W	R	Z	P	M	L	I	K	X	K	K	B	G	E	H	P	V

11

TAKTIK
VERLUST
STRATEGIE
HANDICAP
PRO

DUENN
FLEX
HOLZ
STROKE INDEX
INTERLOOK GRIFF

Lösung

J N M U K P S T R A T E G I E P C F B
Z F D Z K Y M G H D H L S T R O K E N
U A P Z K O X G C G O S G X H D O X C
E Y V L N F H L R O L E C A Q D X U M
X Z A R J X J I M Y Z B P D Y S K S X
Q F D A T L F O S F R Z S G G H L C R
E C A M J F P M H I S D S D Y L T I W
H D H B H G R G F L E X G G Y A U T N
E U R G D T D I F B S I M D N J P V A
W U F E X L C S N I R N Z F U S M I E
D W Q C D P H R V N B M Y L V X A P W
V E R L U S T N Y W W Q G N L T T S A
I N T E R L O O K Q C O R L F W L D D
A H J E N T E A A P W F Y C A J A Y G
K P P R V R A J Z H B P K A Z S U Y T
C J T G S C R H J T Y S Q C A N B B N
Y K M A T K O M D F Q Q G N K C P H Q
T O H P I G X O R P T A K T I K F T M
W X T S H C J H A N D I C A P C K Z M
K J H A M M B N C H I Y Y Y I J Q Q F
N H U Z A D D K U V H K P N P N H U G
Q C U J H E N L I X U C D U E N N Q V
S G N A Y Y R U Q T I E S R I V F K L
K U W R Z P M L I K X K K B G E H P V

L	I	X	Y	K	Z	I	T	Z	X	F	A	V	N	D	V	L	R	X
C	I	R	K	Y	O	Z	R	X	H	X	Y	X	T	J	O	X	M	G
S	Z	T	Q	M	B	E	O	I	D	B	B	U	V	F	I	Z	X	Q
D	Z	O	O	Z	N	E	Y	K	P	X	K	J	T	G	J	K	X	D
S	V	W	F	D	Y	L	C	A	Q	S	D	E	B	U	Y	C	K	G
P	P	V	L	O	A	Y	C	P	C	U	H	C	L	I	E	W	Q	W
O	C	F	J	L	U	Y	X	U	V	B	L	C	X	A	A	N	A	E
X	G	W	E	Z	S	N	Y	I	U	T	B	H	Z	Z	Y	U	L	U
D	T	G	N	H	V	V	B	P	S	X	O	G	B	X	F	H	K	R
P	W	V	O	A	L	B	Q	T	G	S	X	E	B	H	K	O	R	O
Y	A	R	H	D	K	L	F	I	Y	C	Y	E	O	R	O	H	X	P
X	M	E	N	U	I	O	A	A	T	N	L	L	Q	R	R	C	S	E
D	U	M	J	E	H	Z	Z	C	R	R	J	S	D	A	J	Z	R	A
R	L	I	V	K	I	Y	A	H	E	A	E	I	E	G	P	L	F	N
V	W	I	X	E	V	X	W	Z	G	W	N	S	T	B	V	E	F	C
K	E	X	R	B	M	O	A	D	M	A	S	K	N	I	J	D	Y	I
O	V	C	U	U	V	Q	H	A	T	A	U	S	J	I	V	X	R	F
S	C	B	O	L	K	L	R	I	S	B	M	P	N	L	A	H	E	U
B	Y	V	T	E	U	S	O	B	Q	V	H	O	O	K	D	D	T	P
B	Q	C	C	T	H	N	P	U	D	I	W	S	H	I	I	N	I	G
A	R	G	Q	A	X	C	I	M	E	W	J	H	M	S	T	I	G	R
X	B	C	L	D	G	O	S	J	I	S	J	P	Y	C	W	N	P	C
I	P	L	V	K	S	G	Q	Z	K	R	L	Z	R	C	C	H	Z	V
Y	W	W	I	S	J	U	R	U	I	E	B	C	A	I	Y	E	Y	Q

12

EUROPEAN TOUR
KOORDINATION
LOFT
DIMPLE
AUFHOLJAGD

LIE
MARSHALL
HOOK
PAC
INSERT

Lösung

L I X Y K Z I T Z X F A V N D V L R X
C I R K Y O Z R X H X Y X T J O X M G
S Z T Q M B E O I D B B U V F I Z X Q
D Z O O Z N E Y K P X K J T G J K X D
S V W F D Y L C A Q S D E B U Y C K G
P P V L O A Y C P C U H C L I E W Q W
O C F J L U Y X U V B L C X A A N A E
X G W E Z S N Y I U T B H Z Z Y U L U
D T G N H V V B P S X O G B X F H K R
P W V O A L B Q T G S X E B H K O R O
Y A R H D K L F I Y C Y E O R O H X P
X M E N U I O A A T N L L Q R R C S E
D U M J E H Z Z C R R J S D A J Z R A
R L I V K I Y A H E A E I E G P L F N
V W I X E V X W Z G W N S T B V E F C
K E X R B M O A D M A S K N I J D Y I
O V C U U V Q H A T A U S J I V X R F
S C B O L K L R I S B M P N L A H E U
B Y V T E U S O B Q V H O O K D D T P
B Q C C T H N P U D I W S H I I N I G
A R G Q A X C I M E W J H M S T I G R
X B C L D G O S J I S J P Y C W N P C
I P L V K S G Q Z K R L Z R C C H Z V
Y W W I S J U R U I E B C A I Y E Y Q

O	J	Q	Q	S	C	A	Q	V	N	L	D	C	O	U	G	I	S	W
X	N	Y	D	N	J	S	C	X	H	S	O	R	T	A	B	L	A	L
Y	J	O	X	Z	B	H	V	H	E	R	I	W	X	S	Q	W	B	M
Y	X	M	J	A	O	Y	G	K	V	L	S	J	W	I	M	U	Y	Y
O	V	K	T	Y	G	C	I	O	J	F	V	B	Y	X	U	M	H	W
Y	T	N	X	M	D	A	M	Z	G	O	N	N	X	U	U	O	O	S
D	G	F	X	S	Z	Y	R	E	R	M	E	S	I	K	L	B	S	N
Z	O	R	S	M	K	E	S	C	D	Y	T	X	L	E	N	R	Q	E
W	V	Z	K	I	T	U	H	Q	T	O	T	E	U	X	C	U	R	J
Z	C	B	C	T	N	P	H	E	X	P	O	U	V	F	T	H	O	A
I	N	D	U	D	K	Z	S	A	R	S	E	S	E	G	R	I	F	F
L	B	P	H	O	O	A	N	E	U	A	R	L	D	R	Z	X	P	T
X	W	E	D	G	E	J	H	B	R	Q	G	G	M	B	I	N	B	Y
N	I	Y	R	L	Z	C	G	T	B	L	E	A	S	W	L	W	D	P
T	C	E	E	Y	M	S	J	Y	C	S	B	I	Z	P	J	A	F	E
X	M	R	Z	W	F	S	H	D	I	X	N	N	K	G	L	Y	E	K
Q	C	C	M	R	U	P	Y	E	Y	W	I	I	P	U	N	F	T	W
C	S	Q	N	W	P	L	S	D	O	P	S	Z	S	W	A	J	J	Z
I	W	E	I	Z	Y	S	N	I	E	S	M	N	V	R	D	A	G	P
F	G	O	B	D	E	A	U	L	G	N	A	R	T	H	G	Q	R	P
X	I	V	J	G	H	H	A	G	M	C	R	S	V	Z	J	N	A	M
Q	H	S	J	R	H	N	G	L	U	E	C	K	W	U	N	S	C	H
D	L	V	O	E	L	O	Q	Z	V	E	U	N	V	S	T	K	A	D
V	M	V	Z	O	R	Y	O	I	J	W	G	V	V	E	S	F	Z	G

13

GESUNDHEIT
PUTTER
VORHAND GRIFF
RELEASE
WIRE TO WIRE
STRAFE
ALBATROS
NETTOERGEBNIS
GLUECKWUNSCH
LADY

Lösung

O J Q Q S C A Q V N L D C O U G I S W
X N Y D N J S C X H S O R T A B L A L
Y J O X Z B H V H E R I W X S Q W B M
Y X M J A O Y G K V L S J W I M U Y Y
O V K T Y G C I O J F V B Y X U M H W
Y T N X M D A M Z G O N N X U U O O S
D G F X S Z Y R E R M E S I K L B S N
Z O R S M K E S C D Y T X L E N R Q E
W V Z K I T U H Q T O T E U X C U R J
Z C B C T N P H E X P O U V F T H O A
I N D U D K Z S A R S E S E G R I F F
L B P H O O A N E U A R L D R Z X P T
X W E D G E J H B R Q G G M B I N B Y
N I Y R L Z C G T B L E A S W L W D P
T C E E Y M S J Y C S B I Z P J A F E
X M R Z W F S H D I X N N K G L Y E K
Q C C M R U P Y E Y W I I P U N F T W
C S Q N W P L S D O P S Z S W A J J Z
I W E I Z Y S N I E S M N V R D A G P
F G O B D E A U L G N A R T H G Q R P
X I V J G H H A G M C R S V Z J N A M
Q H S J R H N G L U E C K W U N S C H
D L V O E L O Q Z V E U N V S T K A D
V M V Z O R Y O I J W G V V E S F Z G

D	D	H	D	B	C	L	R	J	Y	C	N	Q	F	Y	N	I	J	D
K	X	K	C	W	R	T	D	R	H	H	Z	Y	L	F	I	S	Y	U
J	Q	X	W	W	C	N	N	O	E	R	O	Z	A	N	Z	O	A	M
H	H	S	G	O	E	P	A	Z	L	P	L	S	T	P	C	A	T	C
H	J	J	C	W	C	S	A	F	K	Y	W	E	E	I	U	N	L	T
V	B	J	L	R	O	R	M	U	X	W	R	J	Z	L	C	E	U	G
F	O	A	E	K	Q	T	N	D	N	V	H	R	A	Z	K	E	C	K
U	L	P	J	X	U	K	J	Z	I	J	R	I	G	E	W	P	R	Y
C	Q	U	G	P	V	P	H	E	A	I	Y	W	H	X	L	V	G	I
P	U	T	T	W	B	I	W	R	N	E	H	T	B	N	O	C	E	X
H	L	B	P	U	L	J	G	K	S	S	P	T	O	W	S	J	U	T
C	H	K	H	T	Q	Y	W	L	P	L	N	S	U	B	Z	M	W	Z
N	S	V	E	Y	B	W	P	R	R	T	H	S	F	C	G	H	T	G
I	L	A	S	M	P	C	J	Z	E	S	Z	I	T	W	Y	H	U	G
W	J	R	R	Z	L	R	R	N	C	R	I	E	V	E	V	B	J	Q
D	W	S	U	Q	P	P	J	V	H	E	A	G	L	D	H	P	N	U
C	Q	H	O	A	J	P	V	D	P	R	R	E	I	G	M	X	G	Z
G	U	Y	C	R	G	O	Y	T	O	E	A	S	I	E	R	J	I	L
L	P	B	A	P	J	F	F	D	S	I	T	W	G	F	V	B	W	P
E	Y	R	P	F	M	U	D	I	I	L	I	I	F	R	G	X	E	J
G	I	I	R	R	F	U	P	K	T	R	N	L	R	T	I	U	U	V
Q	T	D	I	J	Y	C	R	H	I	E	G	L	B	U	A	L	Y	N
K	M	P	Q	M	B	T	E	D	O	V	O	E	T	C	H	C	Z	S
B	D	F	P	E	L	E	S	Z	N	W	R	U	P	F	Y	C	X	R

INCH
HYBRID
ANSPRECHPOSITION
SIEGESWILLE
VERLIERER

PUTT
HOSEL
COURSE RATING
WEDGE
INTERVIEW

Lösung

D	D	H	D	B	C	L	R	J	Y	C	N	Q	F	Y	N	I	J	D
K	X	K	C	W	R	T	D	R	H	H	Z	Y	L	F	I	S	Y	U
J	Q	X	W	W	C	N	N	O	E	R	O	Z	A	N	Z	O	A	M
H	H	S	G	O	E	P	A	Z	L	P	L	S	T	P	C	A	T	C
H	J	J	C	W	C	S	A	F	K	Y	W	E	E	I	U	N	L	T
V	B	J	L	R	O	R	M	U	X	W	R	J	Z	L	C	E	U	G
F	O	A	E	K	Q	T	N	D	N	V	H	R	A	Z	K	E	C	K
U	L	P	J	X	U	K	J	Z	I	J	R	I	G	E	W	P	R	Y
C	Q	U	G	P	V	P	H	E	A	I	Y	W	H	X	L	V	G	I
P	U	T	T	W	B	I	W	R	N	E	H	T	B	N	O	C	E	X
H	L	B	P	U	L	J	G	K	S	S	P	T	O	W	S	J	U	T
C	H	K	H	T	Q	Y	W	L	P	L	N	S	U	B	Z	M	W	Z
N	S	V	E	Y	B	W	P	R	R	T	H	S	F	C	G	H	T	G
I	L	A	S	M	P	C	J	Z	E	S	Z	I	T	W	Y	H	U	G
W	J	R	R	Z	L	R	R	N	C	R	I	E	V	E	V	B	J	Q
D	W	S	U	Q	P	P	J	V	H	E	A	G	L	D	H	P	N	U
C	Q	H	O	A	J	P	V	D	P	R	R	E	I	G	M	X	G	Z
G	U	Y	C	R	G	O	Y	T	O	E	A	S	I	E	R	J	H	L
L	P	B	A	P	J	F	F	D	S	I	T	W	G	F	V	B	W	P
E	Y	R	P	F	M	U	D	I	I	L	I	I	F	R	G	X	E	J
G	I	I	R	R	F	U	P	K	T	R	N	L	R	T	I	U	U	V
Q	T	D	I	J	Y	C	R	H	I	E	G	L	B	U	A	L	Y	N
K	M	P	Q	M	B	T	E	D	O	V	O	E	T	C	H	C	Z	S
B	D	F	P	E	L	E	S	Z	N	W	R	U	P	F	Y	C	X	R

P	S	L	C	X	P	S	P	I	E	L	B	E	G	I	N	N	P	W
O	Z	Z	W	O	D	Q	C	Y	M	Y	A	K	W	A	N	Q	M	S
H	L	C	B	R	K	E	K	R	G	Q	G	W	W	C	Z	O	I	J
A	R	M	N	V	K	P	P	R	S	A	I	P	C	I	Z	O	T	X
D	T	O	N	U	H	U	C	A	G	P	Z	A	S	T	U	W	G	A
M	F	S	S	O	M	Z	I	C	O	I	R	E	O	Y	G	V	L	U
F	D	I	V	O	T	E	P	D	P	T	L	J	R	Z	E	B	I	N
K	W	Q	W	Y	T	Q	F	N	S	T	A	N	D	G	S	M	E	Z
E	D	S	H	Z	X	F	H	A	J	G	O	M	Z	A	Y	A	D	I
R	Z	H	O	I	Z	O	E	T	G	H	M	N	L	L	L	L	S	O
K	D	L	W	S	G	R	R	S	R	D	D	D	B	H	O	D	C	P
Q	L	R	S	F	U	G	U	L	W	Y	G	E	Z	C	F	R	H	T
O	U	O	X	U	C	B	B	E	U	L	L	E	S	S	R	M	A	R
F	D	O	Q	V	K	P	O	I	P	K	P	S	E	L	J	B	F	S
C	S	D	N	X	X	J	R	P	P	S	W	T	Y	H	U	T	T	M
I	P	U	E	N	X	O	B	S	Y	G	V	Z	G	E	S	O	S	A
J	X	Y	T	Y	J	T	L	I	G	W	D	B	E	W	V	P	X	P
N	X	L	F	E	O	Y	T	F	G	C	R	K	N	H	N	I	O	U
Q	J	F	L	N	W	V	N	U	P	E	K	Y	H	T	R	T	F	L
K	R	C	D	G	I	I	E	E	G	Z	C	A	H	T	Y	E	F	L
U	J	O	W	S	H	O	N	X	A	V	E	B	Y	R	G	O	E	B
P	J	A	Z	V	G	R	N	B	F	I	V	J	B	K	S	C	N	A
J	H	M	B	X	X	G	B	D	V	N	F	K	Q	D	I	N	E	L
J	S	Z	D	V	G	A	G	G	U	Z	I	I	P	W	Y	K	R	L

15

SPIELBEGINN
CART
PULLBALL
SPIELSTAND
DIVOT

MITGLIEDSCHAFT
CARRY
SCHLAG
EHRE
OFFENER STAND

Lösung

P S L C X P S P I E L B E G I N N P W
O Z Z W O D Q C Y M Y A K W A N Q M S
H L C B R K E K R G Q G W W C Z O I J
A R M N V K P P R S A I P C I Z O T X
D T O N U H U C A G P Z A S T U W G A
M F S S O M Z I C O I R E O Y G V L U
F D I V O T E P D P T L J R Z E B I N
K W Q W Y T Q F N S T A N D G S M E Z
E D S H Z X F H A J G O M Z A Y A D I
R Z H O I Z O E T G H M N L L L L S O
K D L W S G R R S R D D D B H O D C P
Q L R S F U G U L W Y G E Z C F R H T
O U O X U C B B E U L L E S S R M A R
F D O Q V K P O I P K P S E L J B F S
C S D N X X J R P P S W T Y H U T T M
I P U E N X O B S Y G V Z G E S O S A
J X Y T Y J T L I G W D B E W V P X P
N X L F E O Y T F G C R K N H N I O U
Q J F L N W V N U P E K Y H T R T F L
K R C D G I I E E G Z C A H T Y E F L
U J O W S H O N X A V E B Y R G O E B
P J A Z V G R N B F I V J B K S C N A
J H M B X X G B D V N F K Q D I N E L
J S Z D V G A G G U Z I I P W Y K R L

E	S	K	P	L	A	Y	I	N	G	N	C	I	A	G	J	H	P	C
F	I	B	T	B	S	B	X	F	J	B	Y	Z	M	I	J	N	Q	M
W	P	U	D	V	P	D	C	J	M	V	U	B	E	K	K	T	B	Y
M	B	B	K	K	O	N	D	V	T	K	T	P	S	G	S	G	E	F
N	S	P	I	E	L	Z	E	I	T	H	S	R	S	M	D	Z	N	J
B	A	G	Z	I	M	V	S	H	O	K	A	O	N	F	P	E	O	R
X	G	M	P	T	S	J	D	L	V	G	I	J	L	K	E	X	W	O
Y	I	B	V	P	A	I	E	B	Q	D	Y	A	H	C	V	P	I	U
K	C	K	I	E	U	N	U	A	W	V	U	I	I	N	R	H	V	G
D	Z	Q	I	T	T	K	W	G	O	T	O	U	Z	U	I	R	Y	H
F	W	B	P	W	K	T	D	C	I	U	I	M	O	W	Q	N	L	U
Q	E	K	Q	V	U	Q	K	J	E	L	F	Z	M	Z	D	Q	J	E
A	N	J	J	L	S	B	J	Q	P	Q	Q	S	Z	X	K	S	H	A
M	Q	L	V	P	I	H	S	D	Q	X	J	K	J	J	F	M	G	E
M	A	L	T	N	E	L	W	D	A	K	W	A	Q	E	U	L	R	B
M	Q	A	H	J	R	D	Y	X	T	F	W	C	O	B	C	Q	W	A
K	F	B	C	Z	H	G	K	B	R	E	A	K	Y	L	G	M	E	O
V	L	H	L	Q	V	O	V	W	P	S	L	L	L	E	P	D	B	J
T	W	S	Y	Z	O	E	V	X	U	L	E	N	I	L	P	D	A	T
Q	C	U	E	U	F	K	R	D	T	Z	M	S	P	Z	I	H	G	K
B	I	P	L	E	J	Q	Z	E	Z	H	S	L	D	S	N	E	F	Q
L	R	O	D	U	K	M	Q	V	D	K	V	Q	B	T	K	I	U	P
H	G	F	D	T	U	I	P	A	J	J	F	F	U	A	G	M	A	V
S	I	D	N	A	S	J	O	Q	K	D	R	S	P	H	E	X	A	B

16

PUSHBALL
SIEG
AUFGABE
PIN
ROUGH

SAND WEDGE
SPIELZEIT
BREAK
HOLE IN ONE
PLAYING PRO

Lösung

E	S	K	P	L	A	Y	I	N	G	N	C	I	A	G	J	H	P	C
F	I	B	T	B	S	B	X	F	J	B	Y	Z	M	I	J	N	Q	M
W	P	U	D	V	P	D	C	J	M	V	U	B	E	K	K	T	B	Y
M	B	B	K	K	O	N	D	V	T	K	T	P	S	G	S	G	E	F
N	S	P	I	E	L	Z	E	I	T	H	S	R	S	M	D	Z	N	J
B	A	G	Z	I	M	V	S	H	O	K	A	O	N	F	P	E	O	R
X	G	M	P	T	S	J	D	L	V	G	I	J	L	K	E	X	W	O
Y	I	B	V	P	A	I	E	B	Q	D	Y	A	H	C	V	P	I	U
K	C	K	I	E	U	N	U	A	W	V	U	I	I	N	R	H	V	G
D	Z	Q	I	T	T	K	W	G	O	T	O	U	Z	U	I	R	Y	H
F	W	B	P	W	K	T	D	C	I	U	I	M	O	W	Q	N	L	U
Q	E	K	Q	V	U	Q	K	J	E	L	F	Z	M	Z	D	Q	J	E
A	N	J	J	L	S	B	J	Q	P	Q	Q	S	Z	X	K	S	H	A
M	Q	L	V	P	I	H	S	D	Q	X	J	K	J	J	F	M	G	E
M	A	L	T	N	E	L	W	D	A	K	W	A	Q	E	U	L	R	B
M	Q	A	H	J	R	D	Y	X	T	F	W	C	O	B	C	Q	W	A
K	F	B	C	Z	H	G	K	B	R	E	A	K	Y	L	G	M	E	O
V	L	H	L	Q	V	O	V	W	P	S	L	L	L	E	P	D	B	J
T	W	S	Y	Z	O	E	V	X	U	L	E	N	I	L	P	D	A	T
Q	C	U	E	U	F	K	R	D	T	Z	M	S	P	Z	I	H	G	K
B	I	P	L	E	J	Q	Z	E	Z	H	S	L	D	S	N	E	F	Q
L	R	O	D	U	K	M	Q	V	D	K	V	Q	B	T	K	I	U	P
H	G	F	D	T	U	I	P	A	J	J	F	F	U	A	G	M	A	V
S	I	D	N	A	S	J	O	Q	K	D	R	S	P	H	E	X	A	B

M	L	H	C	G	X	Z	P	T	G	H	H	F	D	C	L	E	W	Y
O	F	B	D	N	T	Z	Y	F	I	T	B	V	R	M	I	E	K	C
S	T	O	H	I	U	M	B	B	M	I	M	D	G	D	R	U	T	L
J	F	O	N	N	U	C	T	K	G	C	U	G	R	T	Z	H	S	W
Y	X	K	T	I	W	R	G	Z	K	T	T	I	G	Z	H	E	S	V
U	Q	N	O	A	T	L	R	Q	F	G	V	J	J	X	D	M	I	Z
P	D	H	N	R	W	P	T	N	R	E	N	G	Q	M	E	A	N	C
J	V	C	X	T	S	J	C	P	R	K	Q	V	W	S	H	E	R	H
D	T	M	J	R	M	V	C	D	R	L	Q	R	Q	N	N	B	E	X
Z	K	V	I	E	M	D	K	G	T	T	V	H	N	Z	E	K	D	X
X	R	Y	L	U	R	U	C	L	S	V	L	W	W	L	N	Y	N	Q
X	A	Q	Y	A	I	C	L	A	O	P	B	C	Z	D	F	B	I	L
T	R	T	F	D	A	A	M	X	Y	Q	K	I	A	F	F	H	H	U
G	K	U	E	S	V	I	T	B	G	Y	F	T	H	E	A	C	R	L
Z	K	O	H	U	F	W	G	C	T	X	A	R	J	I	P	X	E	P
S	Y	E	L	A	A	O	Y	S	O	Z	T	W	K	K	Y	V	S	C
G	P	Q	E	M	J	Y	B	U	Z	B	D	H	R	E	V	P	S	I
D	M	Y	R	W	E	C	K	W	U	V	F	C	N	I	D	A	A	X
Z	H	M	F	F	A	S	J	K	K	K	D	T	V	V	A	A	W	C
A	K	Z	W	L	X	M	C	H	O	Q	X	A	S	W	F	F	L	H
W	P	X	Z	T	X	T	K	N	E	I	D	R	I	B	I	Y	O	B
A	H	W	M	Z	Y	H	X	R	T	O	L	C	A	C	Z	K	P	S
S	S	L	L	X	M	B	B	B	A	I	L	S	C	C	Q	O	T	H
C	S	S	L	D	G	Y	I	I	M	G	F	S	Y	P	F	D	K	D

17

WASSERHINDERNISS
CSA WERT
BIRDIE BOOK
DEHNEN
FAIRWAY

FEHLER
DRIVER
BLADE
SCRATCH
AUSDAUERTRAINING

Lösung

M	L	H	C	G	X	Z	P	T	G	H	H	F	D	C	L	E	W	Y
O	F	B	D	N	T	Z	Y	F	I	T	B	V	R	M	I	E	K	C
S	T	O	H	I	U	M	B	B	M	I	M	D	G	D	R	U	T	L
J	F	O	N	N	U	C	T	K	G	C	U	G	R	T	Z	H	S	W
Y	X	K	T	I	W	R	G	Z	K	T	T	I	G	Z	H	E	S	V
U	Q	N	O	A	T	L	R	Q	F	G	V	J	J	X	D	M	I	Z
P	D	H	N	R	W	P	T	N	R	E	N	G	Q	M	E	A	N	C
J	V	C	X	T	S	J	C	P	R	K	Q	V	W	S	H	E	R	H
D	T	M	J	R	M	V	C	D	R	L	Q	R	Q	N	N	B	E	X
Z	K	V	I	E	M	D	K	G	T	T	V	H	N	Z	E	K	D	X
X	R	Y	L	U	R	U	C	L	S	V	L	W	W	L	N	Y	N	Q
X	A	Q	Y	A	I	C	L	A	O	P	B	C	Z	D	F	B	I	L
T	R	T	F	D	A	A	M	X	Y	Q	K	I	A	F	F	H	H	U
G	K	U	E	S	V	I	T	B	G	Y	F	T	H	E	A	C	R	L
Z	K	O	H	U	F	W	G	C	T	X	A	R	J	I	P	X	E	P
S	Y	E	L	A	A	O	Y	S	O	Z	T	W	K	K	Y	V	S	C
G	P	Q	E	M	J	Y	B	U	Z	B	D	H	R	E	V	P	S	I
D	M	Y	R	W	E	C	K	W	U	V	F	C	N	I	D	A	A	X
Z	H	M	F	F	A	S	J	K	K	K	D	T	V	V	A	A	W	C
A	K	Z	W	L	X	M	C	H	O	Q	X	A	S	W	F	F	L	H
W	P	X	Z	T	X	T	K	N	E	I	D	R	I	B	I	Y	O	B
A	H	W	M	Z	Y	H	X	R	T	O	L	C	A	C	Z	K	P	S
S	S	L	L	X	M	B	B	B	A	I	L	S	C	C	Q	O	T	H
C	S	S	L	D	G	Y	I	I	M	G	F	S	Y	P	F	D	K	D

G	Y	G	B	W	A	T	Y	E	B	A	S	E	B	A	L	L	A	D
U	P	T	P	J	R	X	L	C	E	R	V	V	D	O	T	B	O	B
Y	B	P	A	H	T	Z	O	N	D	M	H	H	M	S	P	J	B	B
R	I	J	W	U	B	K	B	U	W	Y	L	W	L	B	X	G	N	A
R	V	A	P	P	C	S	F	O	N	Y	T	I	X	W	J	R	K	U
Z	O	W	Z	G	M	M	V	B	K	D	C	E	W	C	H	Z	C	W
S	J	M	X	I	O	D	C	P	M	E	U	E	O	M	G	T	T	L
P	L	P	R	T	U	M	B	Z	I	T	R	W	B	A	N	T	N	S
W	I	Q	P	N	K	T	U	I	J	S	J	S	Q	L	I	V	D	T
I	C	I	T	O	H	P	J	B	B	X	U	X	L	J	V	Q	R	O
Q	R	D	B	U	M	K	N	B	B	F	G	M	B	T	I	W	A	P
G	H	N	Z	C	I	C	H	G	P	D	W	Q	H	L	R	K	W	S
D	R	A	R	A	N	G	E	C	Y	N	K	Q	X	E	D	Z	N	P
C	B	R	X	I	D	I	E	J	P	N	O	X	D	A	N	G	L	I
M	Q	G	B	A	L	W	N	M	P	C	S	L	A	M	Z	S	J	E
O	B	H	F	B	G	Q	X	X	K	U	K	R	O	E	G	C	E	L
O	S	O	D	A	Q	O	M	X	G	R	X	E	X	W	A	D	N	F
V	B	C	P	P	B	W	Y	Q	K	B	J	D	R	E	M	S	S	P
J	N	E	H	K	D	T	B	H	X	Y	F	T	D	K	Z	R	T	S
A	N	I	V	Z	S	D	W	Z	V	N	D	J	B	X	G	Q	A	P
C	A	G	L	E	I	P	S	L	H	E	A	Z	W	N	R	O	C	C
P	T	B	D	A	B	S	C	H	L	A	G	R	M	D	I	T	M	R
N	I	V	P	G	C	G	T	C	N	A	O	X	Z	F	N	Q	L	J
M	F	S	B	E	N	Z	I	N	G	E	R	O	X	H	T	A	S	A

SLICE
DRAW
ZAEHLSPIEL
TOPSPIEL
GRAND SLAM

ABSCHLAG
DRIVING RANGE
BENZINGER
BOUNCE
BASEBALL GRIP

Lösung

G	Y	G	B	W	A	T	Y	E	B	A	S	E	B	A	L	L	A	D
U	P	T	P	J	R	X	L	C	E	R	V	V	D	O	T	B	O	B
Y	B	P	A	H	T	Z	O	N	D	M	H	H	M	S	P	J	B	B
R	I	J	W	U	B	K	B	U	W	Y	L	W	L	B	X	G	N	A
R	V	A	P	P	C	S	F	O	N	Y	T	I	X	W	J	R	K	U
Z	O	W	Z	G	M	M	V	B	K	D	C	E	W	C	H	Z	C	W
S	J	M	X	I	O	D	C	P	M	E	U	E	O	M	G	T	T	L
P	L	P	R	T	U	M	B	Z	I	T	R	W	B	A	N	T	N	S
W	I	Q	P	N	K	T	U	I	J	S	J	S	Q	L	I	V	D	T
I	C	I	T	O	H	P	J	B	B	X	U	X	L	J	V	Q	R	O
Q	R	D	B	U	M	K	N	B	B	F	G	M	B	T	I	W	A	P
G	H	N	Z	C	I	C	H	G	P	D	W	Q	H	L	R	K	W	S
D	R	A	R	A	N	G	E	C	Y	N	K	Q	X	E	D	Z	N	P
C	B	R	X	I	D	I	E	J	P	N	O	X	D	A	N	G	L	I
M	Q	G	B	A	L	W	N	M	P	C	S	L	A	M	Z	S	J	E
O	B	H	F	B	G	Q	X	X	K	U	K	R	O	E	G	C	E	L
O	S	O	D	A	Q	O	M	X	G	R	X	E	X	W	A	D	N	F
V	B	C	P	P	B	W	Y	Q	K	B	J	D	R	E	M	S	S	P
J	N	E	H	K	D	T	B	H	X	Y	F	T	D	K	Z	R	T	S
A	N	I	V	Z	S	D	W	Z	V	N	D	J	B	X	G	Q	A	P
C	A	G	L	E	I	P	S	L	H	E	A	Z	W	N	R	O	C	C
P	T	B	D	A	B	S	C	H	L	A	G	R	M	D	I	T	M	R
N	I	V	P	G	C	G	T	C	N	A	O	X	Z	F	N	Q	L	J
M	F	S	B	E	N	Z	I	N	G	E	R	O	X	H	T	A	S	A

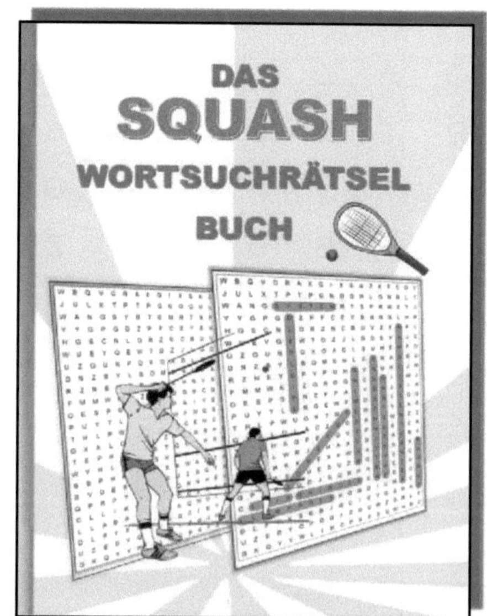

W	B	Q	V	C	R	A	X	G	I	X	S	A	Z	K	F	C	O	V
J	U	L	X	T	P	T	P	G	N	O	Q	H	L	O	N	B	L	T
W	A	N	G	S	Y	S	T	E	M	R	T	S	P	R	W	X	T	J
Y	Y	G	P	G	D	Z	P	F	C	E	Y	B	H	N	N	L	H	H
H	G	S	C	N	L	O	R	Z	N	C	B	U	V	Z	X	R	P	L
W	U	E	Y	Q	E	W	T	D	Z	J	L	G	D	S	V	A	J	C
U	Z	Q	U	N	F	D	X	O	A	D	L	S	U	M	E	N	F	O
D	N	Z	B	Y	L	B	O	M	S	N	L	F	A	N	A	G	R	U
R	Z	N	E	Y	E	P	V	P	U	H	N	V	N	U	H	L	J	M
F	M	M	W	K	I	Z	G	R	D	G	N	C	G	D	I	I	W	J
O	E	S	P	S	P	N	Z	F	P	A	I	Y	E	N	J	S	I	A
P	U	Y	T	L	S	N	G	E	W	F	W	D	S	A	I	T	O	U
T	H	L	P	W	U	G	K	T	W	C	E	W	C	T	T	E	X	Q
G	X	X	L	O	L	A	C	Z	U	C	G	R	H	S	W	N	Z	Z
T	E	P	H	S	Q	F	E	T	Q	V	Z	P	N	E	E	T	C	R
W	Y	H	L	W	R	J	S	H	A	X	T	D	I	T	R	U	B	V
B	B	P	H	K	K	H	E	X	K	W	A	A	T	K	N	R	X	R
S	V	D	E	S	O	U	E	S	U	Z	S	Q	T	N	S	N	C	A
Q	P	R	P	T	Q	D	J	S	Q	R	H	H	E	U	C	I	U	H
C	L	L	I	K	G	N	I	R	O	C	S	S	N	P	D	E	U	M
L	L	A	B	P	P	O	T	S	K	Q	W	O	I	C	M	R	C	E
D	L	F	Y	X	S	E	B	J	G	C	I	E	Y	G	Z	R	A	N
U	Z	E	D	Y	Q	P	Q	Q	I	Z	O	U	W	Z	D	R	L	F
G	K	Q	Y	Y	W	L	I	N	C	P	K	F	S	Q	W	H	R	C

1

PUNKTESTAND
RAHMEN
SPIELFELD
KILL
CUTSHOT

SATZGEWINN
ANGESCHNITTEN
SCORING SYSTEM
RANGLISTENTURNIER
STOPPBALL

Lösung

W	B	Q	V	C	R	A	X	G	I	X	S	A	Z	K	F	C	O	V
J	U	L	X	T	P	T	P	G	N	O	Q	H	L	O	N	B	L	T
W	A	N	G	S	Y	S	T	E	M	R	T	S	P	R	W	X	T	J
Y	Y	G	P	G	D	Z	P	F	C	E	Y	B	H	N	N	L	H	H
H	G	S	C	N	L	O	R	Z	N	C	B	U	V	Z	X	R	P	L
W	U	E	Y	Q	E	W	T	D	Z	J	L	G	D	S	V	A	J	C
U	Z	Q	U	N	F	D	X	O	A	D	L	S	U	M	E	N	F	O
D	N	Z	B	Y	L	B	O	M	S	N	L	F	A	N	A	G	R	U
R	Z	N	E	Y	E	P	V	P	U	H	N	V	N	U	H	L	J	M
F	M	M	W	K	I	Z	G	R	D	G	N	C	G	D	I	I	W	J
O	E	S	P	S	P	N	Z	F	P	A	I	Y	E	N	J	S	I	A
P	U	Y	T	L	S	N	G	E	W	F	W	D	S	A	I	T	O	U
T	H	L	P	W	U	G	K	T	W	C	E	W	C	T	T	E	X	Q
G	X	X	L	O	L	A	C	Z	U	C	G	R	H	S	W	N	Z	Z
T	E	P	H	S	Q	F	E	T	Q	V	Z	P	N	E	E	T	C	R
W	Y	H	L	W	R	J	S	H	A	X	T	D	I	T	R	U	B	V
B	B	P	H	K	K	H	E	X	K	W	A	A	T	K	N	R	X	R
S	V	D	E	S	O	U	E	S	U	Z	S	Q	T	N	S	N	C	A
Q	P	R	P	T	Q	D	J	S	Q	R	H	H	E	U	C	I	U	H
C	L	L	I	K	G	N	I	R	O	C	S	S	N	P	D	E	U	M
L	L	A	B	P	P	O	T	S	K	Q	W	O	I	C	M	R	C	E
D	L	F	Y	X	S	E	B	J	G	C	I	E	Y	G	Z	R	A	N
U	Z	E	D	Y	Q	P	Q	Q	I	Z	O	U	W	Z	D	R	L	F
G	K	Q	Y	Y	W	L	I	N	C	P	K	F	S	Q	W	H	R	C

T	P	Y	W	U	U	O	V	L	E	S	H	C	E	W	L	L	A	B
E	H	W	E	E	D	Q	V	Q	F	P	J	E	N	A	A	F	E	V
R	J	T	X	L	L	K	R	J	D	Z	B	Y	S	W	M	S	X	L
V	K	W	X	E	B	C	H	Q	Q	F	Q	H	M	C	C	H	E	R
T	C	W	T	T	A	M	K	Y	M	Q	Y	O	N	H	U	I	E	O
K	S	B	R	B	J	E	A	X	R	W	B	H	L	L	Z	G	R	K
T	N	C	L	A	C	Z	Y	C	V	K	Z	U	O	W	E	W	C	F
G	U	M	G	L	T	H	R	O	D	T	S	I	Y	A	R	J	J	N
O	W	R	Q	L	A	K	O	S	U	S	L	U	L	U	V	C	T	I
M	W	V	N	P	X	O	N	U	C	S	Q	H	K	I	L	K	L	Q
M	J	E	K	I	D	A	M	U	H	H	C	Q	M	K	F	W	B	D
P	F	L	X	P	E	E	A	Z	P	S	W	E	C	T	T	F	P	F
V	D	T	M	N	T	R	F	L	F	N	K	Z	O	P	T	Y	W	N
Q	I	K	T	X	K	G	B	U	D	O	E	P	D	Q	U	Y	J	Q
C	S	M	J	B	D	U	A	E	Z	N	S	R	N	L	V	J	G	K
C	V	Z	I	E	D	X	O	Y	T	T	B	A	H	D	R	Q	L	D
U	L	L	Q	B	I	N	B	J	E	R	Z	F	R	E	J	F	G	O
N	O	D	S	Q	V	A	Z	E	A	W	I	I	O	S	A	X	N	Z
S	H	H	C	E	P	T	W	G	S	Y	V	E	X	I	Z	H	L	W
V	S	L	W	Z	T	S	G	F	O	E	Z	K	B	M	R	M	Y	R
X	J	M	A	L	G	D	G	T	S	Y	N	K	P	D	B	G	Q	P
U	H	A	N	L	F	U	R	H	F	S	W	T	V	Y	V	T	M	I
F	N	J	Y	A	W	O	O	E	U	A	R	B	C	P	B	F	W	U
B	C	A	F	B	S	T	S	B	I	S	E	M	W	G	V	B	J	V

AUFSCHLAEGER
BALLWECHSEL
SWEETSPOT
WSF BESCHLUSS
DRIVESHOT

TURNIERBETRIEB
EHRENPUNKT
BALL
LETBALL
DSQV

Lösung

T	P	Y	W	U	U	O	V	L	E	S	H	C	E	W	L	L	A	B
E	H	W	E	E	D	Q	V	Q	F	P	J	E	N	A	A	F	E	V
R	J	T	X	L	L	K	R	J	D	Z	B	Y	S	W	M	S	X	L
V	K	W	X	E	B	C	H	Q	Q	F	Q	H	M	C	C	H	E	R
T	C	W	T	T	A	M	K	Y	M	Q	Y	O	N	H	U	I	E	O
K	S	B	R	B	J	E	A	X	R	W	B	H	L	L	Z	G	R	K
T	N	C	L	A	C	Z	Y	C	V	K	Z	U	O	W	E	W	C	F
G	U	M	G	L	T	H	R	O	D	T	S	I	Y	A	R	J	J	N
O	W	R	Q	L	A	K	O	S	U	S	L	U	L	U	V	C	T	I
M	W	V	N	P	X	O	N	U	C	S	Q	H	K	I	L	K	L	Q
M	J	E	K	I	D	A	M	U	H	H	C	Q	M	K	F	W	B	D
P	F	L	X	P	E	E	A	Z	P	S	W	E	C	T	T	F	P	F
V	D	T	M	N	T	R	F	L	F	N	K	Z	O	P	T	Y	W	N
Q	I	K	T	X	K	G	B	U	D	O	E	P	D	Q	U	Y	J	Q
C	S	M	J	B	D	U	A	E	Z	N	S	R	N	L	V	J	G	K
C	V	Z	I	E	D	X	O	Y	T	T	B	A	H	D	R	Q	L	D
U	L	L	Q	B	I	N	B	J	E	R	Z	F	R	E	J	F	G	O
N	O	D	S	Q	V	A	Z	E	A	W	I	I	O	S	A	X	N	Z
S	H	H	C	E	P	T	W	G	S	Y	V	E	X	I	Z	H	L	W
V	S	L	W	Z	T	S	G	F	O	E	Z	K	B	M	R	M	Y	R
X	J	M	A	L	G	D	G	T	S	Y	N	K	P	D	B	G	Q	P
U	H	A	N	L	F	U	R	H	F	S	W	T	V	Y	V	T	M	I
F	N	J	Y	A	W	O	O	E	U	A	R	B	C	P	B	F	W	U
B	C	A	F	B	S	T	S	B	I	S	E	M	W	G	V	B	J	V

E	W	K	Z	U	O	H	W	B	O	N	I	V	Z	E	Q	Z	Y	D
R	Z	W	O	E	B	X	S	J	B	B	O	Y	O	N	A	G	S	S
B	V	V	N	U	T	C	U	X	K	Z	L	C	N	S	X	X	M	G
L	L	B	C	G	Y	Y	W	P	E	D	E	X	T	A	K	R	S	S
C	B	M	T	I	F	J	C	G	G	D	I	O	R	E	E	P	G	H
X	H	G	L	Z	J	W	B	O	Q	E	P	A	T	Q	Z	L	Y	E
K	Y	P	O	O	A	O	A	I	D	M	S	H	M	G	O	G	T	A
O	D	L	F	N	Q	P	Y	E	M	K	S	B	W	R	S	S	B	L
O	O	F	Y	D	E	I	P	F	H	D	T	I	U	L	G	M	D	W
R	W	N	G	D	B	P	O	Q	M	U	E	P	H	G	T	L	F	B
D	N	Z	X	E	Q	H	F	A	T	B	A	P	D	W	X	M	C	K
I	S	I	U	U	W	H	H	B	F	L	T	P	W	M	Z	K	L	E
N	R	J	S	L	U	I	N	W	F	Y	I	T	T	K	U	F	S	J
A	E	N	A	R	J	B	N	I	G	W	L	U	V	E	M	S	A	T
T	G	Q	S	X	B	L	Z	N	B	R	A	R	F	E	A	G	D	S
I	E	V	L	F	A	O	C	U	E	A	U	S	I	L	I	S	L	T
O	A	S	Y	A	T	N	Z	I	R	R	Q	N	K	L	Q	S	T	Q
N	L	P	P	H	N	N	N	N	A	K	I	T	S	D	B	V	U	F
G	H	N	P	A	Q	R	V	A	B	L	L	E	F	A	P	R	T	N
J	C	O	J	L	U	C	B	F	E	E	D	H	M	O	W	N	W	D
J	S	V	F	T	A	I	W	T	W	N	M	T	R	N	O	B	I	U
Z	V	A	E	I	V	U	O	P	U	K	Y	W	G	L	C	T	W	Z
K	X	Y	G	J	O	R	S	B	U	E	B	U	N	G	E	N	Y	P
I	P	E	Z	X	Y	E	E	O	H	G	D	D	X	V	I	I	B	J

TURNIER
WELTKLASSE
UEBUNGEN
KOORDINATION
SCHLAEGER

APPLAUS
GEWINNER
QUALITAETSSPIEL
ROTELINIE
BUNDESLIGA

Lösung

E W K Z U O H W B O N I V Z E Q Z Y D
R Z W O E B X S J B B O Y O N A G S S
B V V N U T C U X K Z L C N S X X M G
L L B C G Y Y W P E D E X T A K R S S
C B M T I F J C G G D I O R E E P G H
X H G L Z J W B O Q E P A T Q Z L Y E
K Y P O O A O A I D M S H M G O G T A
O D L F N Q P Y E M K S B W R S S B L
O O F Y D E I P F H D T I U L G M D W
R W N G D B P O Q M U E P H G T L F B
D N Z X E Q H F A T B A P D W X M C K
I S I U U W H H B F L T P W M Z K L E
N R J S L U I N W F Y I T T K U F S J
A E N A R J B N I G W L U V E M S A T
T G Q S X B L Z N B R A R F E A G D S
I E V L F A O C U E A U S I L I S L T
O A S Y A T N Z I R R Q N K L Q S T Q
N L P P H N N N N A K I T S D B V U F
G H N P A Q R V A B L L E F A P R T N
J C O J L U C B F E E D H M O W N W D
J S V F T A I W T W N M T R N O B I U
Z V A E I V U O P U K Y W G L C T W Z
K X Y G J O R S B U E B U N G E N Y P
I P E Z X Y E E O H G D D X V I I B J

R	O	T	O	U	R	Z	J	E	X	E	V	I	R	D	E	O	V	Q
K	D	V	X	A	Y	D	H	D	E	Z	P	J	L	K	X	G	X	Q
L	U	A	H	Y	C	U	S	T	R	A	I	G	H	T	S	Y	A	X
G	O	I	K	L	J	Z	A	L	P	T	H	B	B	F	U	O	H	X
J	L	B	B	S	X	P	D	J	S	R	T	P	T	F	E	G	V	V
A	W	N	Z	B	P	R	U	P	J	A	K	I	O	A	I	Y	T	N
L	Q	K	D	Y	L	J	T	U	F	T	Y	E	I	R	O	W	E	A
W	B	A	S	I	C	S	H	O	T	R	P	H	X	L	T	T	X	N
Q	A	P	R	F	K	P	N	R	C	O	C	C	I	G	H	V	O	J
U	H	W	M	J	U	Z	J	M	L	P	I	A	S	P	Y	N	X	Y
J	K	C	A	K	S	D	M	S	T	S	T	R	C	I	O	E	F	P
E	V	R	C	N	A	I	A	B	M	T	I	P	D	I	K	M	K	O
D	I	G	B	L	V	L	R	P	M	E	G	S	Q	G	Y	W	V	D
A	D	K	B	U	K	D	K	X	Z	K	T	N	J	F	R	E	A	Y
T	I	I	N	S	W	J	R	T	F	C	K	A	I	A	E	B	H	A
B	I	E	M	P	R	S	C	H	L	A	E	G	E	R	K	O	P	F
D	M	N	K	R	T	W	X	D	O	R	E	R	E	I	L	R	E	V
D	X	F	S	L	N	I	E	D	E	R	L	A	G	E	M	W	F	V
V	I	Y	X	N	A	R	S	R	X	R	H	D	E	T	V	B	E	C
A	K	U	Q	T	H	L	S	O	D	J	N	P	C	K	G	H	N	W
T	Y	D	C	T	T	P	F	U	R	J	M	N	A	R	O	V	F	X
D	N	A	T	S	H	C	I	E	L	G	A	C	H	H	C	M	G	R
F	B	T	W	Q	R	L	T	F	T	B	C	A	A	B	P	T	B	Q
D	Y	V	A	Y	F	A	A	W	Y	M	B	X	L	O	E	H	O	F

VERLIERER
NIEDERLAGE
SCHLAEGERKOPF
ANSPRACHE
USP ROTOUR
TROPHAEE
GLEICHSTAND
BASICSHOT
RACKETSPORTART
STRAIGHT DRIVE

Lösung

R O T O U R Z J E X E V I R D E O V Q
K D V X A Y D H D E Z P J L K X G X Q
L U A H Y C U S T R A I G H T S Y A X
G O I K L J Z A L P T H B B F U O H X
J L B B S X P D J S R T P T F E G V V
A W N Z B P R U P J A K I O A I Y T N
L Q K D Y L J T U F T Y E I R O W E A
W B A S I C S H O T R P H X L T T X N
Q A P R F K P N R C O C C I G H V O J
U H W M J U Z J M L P I A S P Y N X Y
J K C A K S D M S T S T R C I O E F P
E V R C N A I A B M T I P D I K M K O
D I G B L V L R P M E G S Q G Y W V D
A D K B U K D K X Z K T N J F R E A Y
T I I N S W J R T F C K A I A E B H A
B I E M P R S C H L A E G E R K O P F
D M N K R T W X D O R E R E I L R E V
D X F S L N I E D E R L A G E M W F V
V I Y X N A R S R X R H D E T V B E C
A K U Q T H L S O D J N P C K G H N W
T Y D C T T P F U R J M N A R O V F X
D N A T S H C I E L G A C H H C M G R
F B T W Q R L T F T B C A A B P T B Q
D Y V A Y F A A W Y M B X L O E H O F

V	B	M	R	E	W	P	J	T	V	C	E	H	L	G	X	B	T	U
D	K	M	C	I	P	A	L	H	A	D	U	D	G	B	U	M	G	D
I	G	A	O	G	L	R	O	P	G	W	L	G	L	Q	T	G	Z	Z
Z	K	C	P	C	H	V	I	C	J	G	S	Q	G	E	X	L	W	I
Q	G	V	W	E	A	Z	F	Y	I	G	Y	T	V	X	B	L	Q	I
N	I	X	O	H	Y	C	V	U	W	X	M	G	O	V	M	E	Q	U
F	R	H	G	E	F	J	M	U	R	V	A	V	A	E	I	K	O	U
D	F	P	Z	Z	L	Q	P	N	M	L	S	U	Q	V	R	P	C	B
V	B	N	I	A	X	V	Z	B	P	Y	H	W	J	B	U	U	H	K
H	L	A	N	D	E	S	V	E	R	B	A	N	D	L	T	E	N	C
R	S	A	E	Y	G	N	U	B	E	U	T	A	I	G	S	V	N	G
E	P	T	W	B	H	X	K	E	P	W	V	T	G	W	C	E	I	I
Z	I	Z	O	L	R	R	U	P	N	F	Y	O	H	G	N	I	X	F
V	E	D	L	R	A	N	U	P	E	E	S	R	L	M	I	X	Y	C
U	L	V	B	F	B	A	A	O	H	F	I	Y	D	L	X	N	C	O
Q	B	X	T	S	X	Y	J	G	U	Y	L	V	C	B	E	O	U	X
Q	E	G	E	X	T	O	N	N	B	I	T	I	V	Z	E	Y	Z	D
T	G	E	J	P	B	O	M	F	S	Z	G	J	R	C	N	J	I	O
J	I	W	M	W	W	T	P	C	U	F	P	I	A	F	D	C	G	B
E	N	H	J	Y	N	M	S	P	A	B	G	G	O	P	L	Q	K	L
A	N	Q	J	L	E	T	E	C	B	C	L	P	S	Q	T	Z	H	J
G	B	U	G	R	L	K	X	J	Z	A	N	O	Y	Z	K	O	V	E
H	K	O	N	T	E	R	S	P	I	E	L	E	R	T	M	A	I	V
L	E	V	L	D	O	W	N	F	M	A	D	L	O	R	E	Y	P	I

STOPPBALL
KRAFT
LET
SPIELBEGINN
AUSBUHEN

STOERUNG
LANDESVERBAND
VOLLEY
UEBUNG
KONTERSPIELER

Lösung

V B M R E W P J T V C E H L G X B T U
D K M C I P A L H A D U D G B U M G D
I G A O G L R O P G W L G L Q T G Z Z
Z K C P C H V I C J G S Q G E X L W I
Q G V W E A Z F Y I G Y T V X B L Q I
N I X O H Y C V U W X M G O V M E Q U
F R H G E F J M U R V A V A E I K O U
D F P Z Z L Q P N M L S U Q V R P C B
V B N I A X V Z B P Y H W J B U U H K
H L A N D E S V E R B A N D L T E N C
R S A E Y G N U B E U T A I G S V N G
E P T W B H X K E P W V T G W C E I I
Z I Z O L R R U P N F Y O H G N I X F
V E D L R A N U P E E S R L M I X Y C
U L V B F B A A O H F I Y D L X N C O
Q B X T S X Y J G U Y L V C B E O U X
Q E G E X T O N N B I T I V Z E Y Z D
T G E J P B O M F S Z G J R C N J I O
J I W M W W T P C U F P I A F D C G B
E N H J Y N M S P A B G G O P L Q K L
A N Q J L E T E C B C L P S Q T Z H J
G B U G R L K X J Z A N O Y Z K O V E
H K O N T E R S P I E L E R T M A I V
L E V L D O W N F M A D L O R E Y P I

J B X B D B F J J F J T B A G Z G Y M
H I Z Z I V J W Q T L F U N H N T W X
N Z R Q J K E V T Y A S U S I C E U C
V C W P V D Z S Z H T R T N W T P P D
Y O E L I S Y L G R H O I H T N S G A
Z T P B E V W L A E H A R K R K A F E
S M D X G R P G U S R N A I H A A C D
S J L C C K U R T T E M K C G A F C P
K R S I D N E S R I P Y H C M G L R A
D T C G G B A E M F Q T L T P Y E Z O
F S Y S N O U E P W J I S T M N M R L
X Z O E B A A A E C G S C W L U D Z K
M R D L D R U W J A F V P E A J Z N Z
T O D S P S S T B U G M U R A S M U J
B Y U G E K Q E T N M S T P E F Q I X
N A D A W N T V H N Z F B A M Y S A Y
R Z G M C R V U L Y A Q N U C Q G O F
N S R R I K G W O R O F M Z Z S O D G
U H Q E A E K Z K D Y F X R N X Q W Y
J P B N G Q M E G Q U X B H J T P W Y
L J C C C N W K Z K G U W U X H U S B
E Y H Y P Y Q V N D E H N E N W W L P
G X O T Z J L H W T E D N E O Y J R Y
C J P P G N U T S E U R S U A N X Z I

WETTKAMPFPAUSE
LIGABETRIEB
AUSRUESTUNG
AUSTRAGUNGSORT
DEHNEN

BOASTSHOT
KRAFTRAUM
AUSDAUERTRAINING
BODENBERUEHRUNG
PRAEMIE

Lösung

J	B	X	B	D	B	F	J	J	F	J	T	B	A	G	Z	G	Y	M
H	I	Z	Z	I	V	J	W	Q	T	L	F	U	N	H	N	T	W	X
N	Z	R	Q	J	K	E	V	T	Y	A	S	U	S	I	C	E	U	C
V	C	W	P	V	D	Z	S	Z	H	T	R	T	N	W	T	P	P	D
Y	O	E	L	I	S	Y	L	G	R	H	O	I	H	T	N	S	G	A
Z	T	P	B	E	V	W	L	A	E	H	A	R	K	R	K	A	F	E
S	M	D	X	G	R	P	G	U	S	R	N	A	I	H	A	A	C	D
S	J	L	C	C	K	U	R	T	T	E	M	K	C	G	A	F	C	P
K	R	S	I	D	N	E	S	R	I	P	Y	H	C	M	G	L	R	A
D	T	C	G	G	B	A	E	M	F	Q	T	L	T	P	Y	E	Z	O
F	S	Y	S	N	O	U	E	P	W	J	I	S	T	M	N	M	R	L
X	Z	O	E	B	A	A	A	E	C	G	S	C	W	L	U	D	Z	K
M	R	D	L	D	R	U	W	J	A	F	V	P	E	A	J	Z	N	Z
T	O	D	S	P	S	S	T	B	U	G	M	U	R	A	S	M	U	J
B	Y	U	G	E	K	Q	E	T	N	M	S	T	P	E	F	Q	I	X
N	A	D	A	W	N	T	V	H	N	Z	F	B	A	M	Y	S	A	Y
R	Z	G	M	C	R	V	U	L	Y	A	Q	N	U	C	Q	G	O	F
N	S	R	R	I	K	G	W	O	R	O	F	M	Z	Z	S	O	D	G
U	H	Q	E	A	E	K	Z	K	D	Y	F	X	R	N	X	Q	W	Y
J	P	B	N	G	Q	M	E	G	Q	U	X	B	H	J	T	P	W	Y
L	J	C	C	C	N	W	K	Z	K	G	U	W	U	X	H	U	S	B
E	Y	H	Y	P	Y	Q	V	N	D	E	H	N	E	N	W	W	L	P
G	X	O	T	Z	J	L	H	W	T	E	D	N	E	O	Y	J	R	Y
C	J	P	P	G	N	U	T	S	E	U	R	S	U	A	N	X	Z	I

G	N	F	I	L	S	X	V	I	T	P	R	E	I	S	G	E	L	D
A	V	Q	E	N	W	P	T	Y	G	A	O	K	T	M	O	I	O	G
U	S	M	Y	L	U	G	V	H	W	G	V	V	E	L	J	B	X	Q
S	E	U	O	D	K	F	A	I	R	P	L	A	Y	G	Z	B	R	Y
A	U	G	U	C	R	R	T	L	E	H	W	F	Y	T	G	N	G	L
B	O	T	V	D	L	O	E	U	M	T	A	W	L	N	U	G	W	N
L	L	O	I	Z	X	I	P	W	Q	X	O	V	A	V	T	F	W	R
S	L	A	N	I	F	V	R	S	L	A	U	G	J	C	L	I	Z	G
V	K	T	N	Y	B	W	X	L	H	E	K	I	L	Q	Y	W	B	T
L	Y	I	R	U	X	P	G	F	I	O	G	J	P	B	K	V	Q	V
Z	W	O	L	U	G	Y	M	K	A	G	T	E	Z	Y	S	B	Y	N
V	K	O	J	X	E	Y	Q	E	K	G	B	Q	R	O	V	I	N	S
U	G	H	F	H	X	F	V	M	P	J	E	G	V	P	M	I	W	E
W	E	H	O	O	C	Q	Z	A	A	A	E	E	Y	R	W	Z	T	B
U	J	S	P	A	N	P	U	M	Z	G	E	S	L	E	V	C	I	I
R	F	K	U	U	O	K	K	V	E	B	B	O	G	G	X	O	L	K
R	L	N	V	K	F	K	N	N	T	O	U	T	F	I	T	E	T	G
Q	B	Q	H	M	X	F	S	B	M	B	K	C	G	N	V	A	X	U
I	D	G	Y	P	I	P	S	L	P	N	P	J	M	F	T	A	C	C
C	T	X	Z	M	I	I	N	S	U	S	R	B	S	U	N	G	S	T
E	L	Y	E	E	N	F	G	P	A	Z	X	R	V	R	M	G	J	P
W	Y	Z	L	K	N	J	Y	T	M	G	D	B	V	E	A	P	S	J
Y	S	E	K	I	T	S	A	N	M	Y	G	N	F	K	T	P	N	G
G	R	J	H	R	D	D	V	D	O	N	W	W	H	S	C	F	U	W

PARS
OUTFIT
DROPSHOT
REGELWERK
PUNKTGEWINN

FAIRPLAY
GYMNASTIK
PREISGELD
PSA FINALS
GEGENSPIELER

Lösung

G N F I L S X V I T P R E I S G E L D
A V Q E N W P T Y G A O K T M O I O G
U S M Y L U G V H W G V V E L J B X Q
S E U O D K F A I R P L A Y G Z B R Y
A U G U C R R T L E H W F Y T G N G L
B O T V D L O E U M T A W L N U G W N
L L O I Z X I P W Q X O V A V T F W R
S L A N I F V R S L A U G J C L I Z G
V K T N Y B W X L H E K I L Q Y W B T
L Y I R U X P G F I O G J P B K V Q V
Z W O L U G Y M K A G T E Z Y S B Y N
V K O J X E Y Q E K G B Q R O V I N S
U G H F H X F V M P J E G V P M I W E
W E H O O C Q Z A A A E E Y R W Z T B
U J S P A N P U M Z G E S L E V C I I
R F K U U O K K V E B B O G G X O L K
R L N V K F K N N T O U T F I T E T G
Q B Q H M X F S B M B K C G N V A X U
I D G Y P I P S L P N P J M F T A C C
C T X Z M I I N S U S R B S U N G S T
E L Y E E N F G P A Z X R V R M G J P
W Y Z L K N J Y T M G D B V E A P S J
Y S E K I T S A N M Y G N F K T P N G
G R J H R D D V D O N W W H S C F U W

S I N M D Z A N A R N W G S W V A I Z
M D I E V N D A W M C P S P X H E L S
R B G F N Z Q M Y F J R Y V N E J Y Z
D Q D P D E R B Q K N O F F N D S A G
G N I N I A R T S S E N T I F P Z F I
P S K G O J Y V J J E C O U G Y R H M
H E K O R T S W B T E K K I A W S T O
B E L A S T U N G Z O C P Y N G H R W
O D E O P H Y Q R G Z K G W J B Z A Q
S Q U A S H S C H L A E G E R E M I O
D I C A L L J P P O F C S A G L A N S
Z W U V M B B U R D L S Q D T F N I C
P F D Y V Y E S A M H Y U Y T J N N H
L P A S J Z S C P J U X D F M S D G L
V G W N D Z L I C B G J E N L A E S A
V T C J Y K R Z U L P V L L J P C G G
L B H B F J D N A W N E T I E S K E B
E A U F H O L J A G D U S R W Z U R E
H C X P Y U W L N L T J F D U C N A W
H D K B N C F V L A R K K E T O G E E
Q C X O R Q F X I S F Q O B Z H C T G
I Q U K F S F U L Y T X S F O D A X U
M A K R K H F G I V I X N L F O E B N
T O T F H R T O R D N L O X Q S O X G

MANNDECKUNG
TRAININGSGERAET
SCHLAGBEWEGUNG
FITNESSTRAINING
BELASTUNG

AUFHOLJAGD
SQUASHSCHLAEGER
STROKE
SEITENWAND
COURT

Lösung

S I N M D Z A N A R N W G S W V A I Z
M D I E V N D A W M C P S P X H E L S
R B G F N Z Q M Y F J R Y V N E J Y Z
D Q D P D E R B Q K N O F F N D S A G
G N I N I A R T S S E N T I F P Z F I
P S K G O J Y V J J E C O U G Y R H M
H E K O R T S W B T E K K I A W S T O
B E L A S T U N G Z O C P Y N G H R W
O D E O P H Y Q R G Z K G W J B Z A Q
S Q U A S H S C H L A E G E R E M I O
D I C A L L J P P O F C S A G L A N S
Z W U V M B B U R D L S Q D T F N I C
P F D Y V Y E S A M H Y U Y T J N N H
L P A S J Z S C P J U X D F M S D G L
V G W N D Z L I C B G J E N L A E S A
V T C J Y K R Z U L P V L L J P C G G
L B H B F J D N A W N E T I E S K E B
E A U F H O L J A G D U S R W Z U R E
H C X P Y U W L N L T J F D U C N A W
H D K B N C F V L A R K K E T O G E E
Q C X O R Q F X I S F Q O B Z H C T G
I Q U K F S F U L Y T X S F O D A X U
M A K R K H F G I V I X N L F O E B N
T O T F H R T O R D N L O X Q S O X G

S	Y	S	Q	U	A	S	H	B	A	L	L	T	N	L	E	R	S	E
O	V	H	A	T	C	I	Z	U	S	N	U	P	I	T	E	J	C	P
A	N	F	A	E	N	G	E	R	F	E	H	L	E	R	G	T	Q	B
W	P	T	Y	K	W	C	Q	B	O	M	S	A	F	F	M	M	L	T
N	E	I	D	E	B	C	H	W	O	E	Z	Z	A	Z	J	R	B	U
V	D	C	I	T	Q	B	M	E	L	E	Y	E	J	S	D	V	M	L
W	U	N	S	I	O	E	O	R	M	O	Z	I	R	Q	E	W	N	G
P	Z	A	B	F	V	B	R	O	K	T	E	N	M	Y	X	T	O	R
Q	S	R	N	U	H	K	U	J	G	F	S	I	L	L	Y	Z	W	W
G	E	U	M	H	P	V	Q	F	P	L	Y	L	T	O	B	S	U	Y
F	D	N	D	N	K	R	L	O	K	U	L	G	B	O	A	S	T	Z
R	F	N	I	Z	Q	E	T	L	S	Q	A	A	O	X	Y	P	A	L
K	Z	I	Q	V	E	T	A	X	H	Z	N	L	D	J	M	P	W	A
Z	E	N	A	H	K	O	T	U	Z	W	A	H	V	R	M	A	R	P
B	T	G	B	K	L	U	V	M	F	C	L	C	A	Q	E	T	M	I
O	C	S	H	U	C	R	M	E	R	B	W	S	D	R	E	J	G	T
D	Q	C	L	B	Q	N	Y	P	I	E	L	F	E	L	X	V	Y	Z
E	N	O	J	I	N	I	O	X	K	X	U	U	D	X	Q	U	L	H
N	Q	R	D	M	Z	E	C	A	X	J	O	A	L	A	Y	U	M	N
H	D	E	P	C	H	R	L	E	D	D	R	V	X	Q	T	P	P	B
N	M	S	R	K	X	E	Y	T	D	A	M	X	O	O	K	T	T	F
T	S	O	E	N	C	N	W	J	P	Y	K	T	J	Q	S	K	T	A
J	S	E	B	C	B	G	D	L	L	V	W	H	O	U	W	P	Z	V
S	J	L	E	D	U	M	R	J	D	B	B	B	A	U	R	I	D	F

RUNNINGSCORE
AUFSCHLAGLINIE
SQUASHBALL
ANFAENGERFEHLER
BODEN

CROSS
BOAST
RETOURNIEREN
ANALYSE
AUS

Lösung

S	Y	S	Q	U	A	S	H	B	A	L	L	T	N	L	E	R	S	E
O	V	H	A	T	C	I	Z	U	S	N	U	P	I	T	E	J	C	P
A	N	F	A	E	N	G	E	R	F	E	H	L	E	R	G	T	Q	B
W	P	T	Y	K	W	C	Q	B	O	M	S	A	F	F	M	M	L	T
N	E	I	D	E	B	C	H	W	O	E	Z	Z	A	Z	J	R	B	U
V	D	C	I	T	Q	B	M	E	L	E	Y	E	J	S	D	V	M	L
W	U	N	S	I	O	E	O	R	M	O	Z	I	R	Q	E	W	N	G
P	Z	A	B	F	V	B	R	O	K	T	E	N	M	Y	X	T	O	R
Q	S	R	N	U	H	K	U	J	G	F	S	I	L	L	Y	Z	W	W
G	E	U	M	H	P	V	Q	F	P	L	Y	L	T	O	B	S	U	Y
F	D	N	D	N	K	R	L	O	K	U	L	G	B	O	A	S	T	Z
R	F	N	I	Z	Q	E	T	L	S	Q	A	A	O	X	Y	P	A	L
K	Z	I	Q	V	E	T	A	X	H	Z	N	L	D	J	M	P	W	A
Z	E	N	A	H	K	O	T	U	Z	W	A	H	V	R	M	A	R	P
B	T	G	B	K	L	U	V	M	F	C	L	C	A	Q	E	T	M	I
O	C	S	H	U	C	R	M	E	R	B	W	S	D	R	E	J	G	T
D	Q	C	L	B	Q	N	Y	P	I	E	L	F	E	L	X	V	Y	Z
E	N	O	J	I	N	I	O	X	K	X	U	U	D	X	Q	U	L	H
N	Q	R	D	M	Z	E	C	A	X	J	O	A	L	A	Y	U	M	N
H	D	E	P	C	H	R	L	E	D	D	R	V	X	Q	T	P	P	B
N	M	S	R	K	X	E	Y	T	D	A	M	X	O	O	K	T	T	F
T	S	O	E	N	C	N	W	J	P	Y	K	T	J	Q	S	K	T	A
J	S	E	B	C	B	G	D	L	L	V	W	H	O	U	W	P	Z	V
S	J	L	E	D	U	M	R	J	D	B	B	B	A	U	R	I	D	F

A	V	L	I	O	H	F	Q	V	Y	L	P	T	L	K	R	M	Z	P
I	M	D	T	X	T	S	G	X	V	M	D	L	O	G	U	Y	W	I
A	T	Z	W	I	A	L	Z	R	X	T	H	N	O	E	T	M	C	L
L	T	Y	D	H	H	V	W	P	T	U	K	I	C	C	C	R	Z	J
S	I	M	H	D	S	B	H	A	U	Y	D	T	T	M	E	A	T	A
T	H	W	X	Z	J	T	B	O	F	N	N	D	Q	T	N	S	U	N
I	X	L	K	X	M	Q	U	X	Q	V	N	E	K	A	N	O	S	G
E	D	Z	E	R	T	H	E	Q	P	F	A	P	Z	D	Q	C	D	R
Z	N	I	T	R	V	M	T	V	B	Y	H	P	P	M	N	Y	C	I
L	D	Q	R	F	C	T	K	N	U	P	H	C	T	A	M	S	S	F
E	G	W	A	W	R	T	R	I	B	U	E	N	E	Y	J	Y	I	F
I	E	Y	T	B	T	E	Y	M	O	B	R	G	R	C	R	A	H	S
P	S	G	S	Z	V	F	F	I	R	G	N	A	J	I	E	U	T	S
S	A	G	F	J	Q	L	F	O	P	T	B	P	C	T	T	A	B	P
Y	T	N	P	S	S	W	J	O	P	D	A	T	S	P	N	F	Q	I
I	P	S	M	K	M	A	H	K	H	A	D	A	Y	X	O	L	H	E
N	N	O	A	N	W	N	H	O	T	D	D	R	A	C	K	E	T	L
W	Z	O	K	W	Y	C	D	K	U	B	K	K	Z	E	D	O	L	E
N	M	S	T	G	N	I	N	I	A	R	T	T	F	A	R	K	F	R
C	Z	N	T	F	K	Q	N	W	P	M	T	K	R	P	I	J	T	V
U	R	E	E	I	E	Z	R	Y	Y	A	Y	U	L	N	A	L	A	T
O	H	U	W	W	W	H	Y	C	C	S	N	E	K	U	H	A	P	D
W	H	N	B	H	O	F	P	X	T	P	B	N	Z	I	S	C	T	J
I	Z	Y	X	F	X	W	G	O	Z	A	N	J	X	W	P	V	U	Y

10

MATCHPUNKT
SPIELZEIT
KRAFTTRAINING
WETTKAMPFSTART
KONTER

ANGRIFF
ANGRIFFSSPIELER
TRIBUENE
TIN
RACKET

Lösung

A	V	L	I	O	H	F	Q	V	Y	L	P	T	L	K	R	M	Z	P
I	M	D	T	X	T	S	G	X	V	M	D	L	O	G	U	Y	W	I
A	T	Z	W	I	A	L	Z	R	X	T	H	N	O	E	T	M	C	L
L	T	Y	D	H	H	V	W	P	T	U	K	I	C	C	C	R	Z	J
S	I	M	H	D	S	B	H	A	U	Y	D	T	T	M	E	A	T	A
T	H	W	X	Z	J	T	B	O	F	N	N	D	Q	T	N	S	U	N
I	X	L	K	X	M	Q	U	X	Q	V	N	E	K	A	N	O	S	G
E	D	Z	E	R	T	H	E	Q	P	F	A	P	Z	D	Q	C	D	R
Z	N	I	T	R	V	M	T	V	B	Y	H	P	P	M	N	Y	C	I
L	D	Q	R	F	C	T	K	N	U	P	H	C	T	A	M	S	S	F
E	G	W	A	W	R	T	R	I	B	U	E	N	E	Y	J	Y	I	F
I	E	Y	T	B	T	E	Y	M	O	B	R	G	R	C	R	A	H	S
P	S	G	S	Z	V	F	F	I	R	G	N	A	J	I	E	U	T	S
S	A	G	F	J	Q	L	F	O	P	T	B	P	C	T	T	A	B	P
Y	T	N	P	S	S	W	J	O	P	D	A	T	S	P	N	F	Q	I
I	P	S	M	K	M	A	H	K	H	A	D	A	Y	X	O	L	H	E
N	N	O	A	N	W	N	H	O	T	D	D	R	A	C	K	E	T	L
W	Z	O	K	W	Y	C	D	K	U	B	K	K	Z	E	D	O	L	E
N	M	S	T	G	N	I	N	I	A	R	T	T	F	A	R	K	F	R
C	Z	N	T	F	K	Q	N	W	P	M	T	K	R	P	I	J	T	V
U	R	E	E	I	E	Z	R	Y	Y	A	Y	U	L	N	A	L	A	T
O	H	U	W	W	W	H	Y	C	C	S	N	E	K	U	H	A	P	D
W	H	N	B	H	O	F	P	X	T	P	B	N	Z	I	S	C	T	J
I	Z	Y	X	F	X	W	G	O	Z	A	N	J	X	W	P	V	U	Y

U	N	O	X	Z	O	L	W	N	G	X	P	R	X	N	N	O	Q	A
A	J	Z	P	G	Y	P	L	N	X	R	C	R	V	H	A	E	S	F
C	A	S	Y	O	Q	W	V	U	M	O	U	X	G	T	P	W	M	I
M	T	T	Z	U	H	A	W	J	E	E	A	J	S	H	O	E	Y	T
G	R	M	A	F	M	U	V	B	T	T	F	K	C	C	H	T	W	N
J	U	M	E	G	U	P	Z	V	S	G	F	Y	E	E	I	T	S	E
E	O	S	I	G	Y	K	R	R	E	P	I	L	X	R	R	P	O	S
W	C	O	G	J	H	W	D	C	L	M	W	Z	W	G	H	H	V	S
A	H	G	E	L	Q	U	N	I	X	O	A	B	N	A	T	W	F	N
T	S	R	T	C	D	W	G	A	L	E	V	R	A	L	F	E	D	Z
K	A	Q	A	H	G	A	I	Q	H	A	N	U	P	H	C	Y	U	Y
B	U	F	R	M	J	F	I	L	N	R	J	O	U	C	P	X	Z	L
X	Q	Z	T	U	S	K	W	R	M	I	A	T	V	S	D	T	Q	W
O	S	K	S	A	K	E	B	T	L	V	P	I	E	F	V	Q	K	U
R	D	O	R	K	I	S	R	U	A	F	U	F	T	U	C	E	T	O
Y	K	W	E	S	L	S	A	R	D	X	N	O	Z	A	P	T	I	S
G	Z	I	E	J	F	D	P	F	F	D	K	R	W	A	G	T	F	T
G	J	B	W	V	Y	P	J	J	D	L	T	P	T	P	Q	U	F	C
J	Y	U	N	X	I	G	B	A	T	E	F	T	M	D	R	W	J	P
I	Y	D	H	R	Y	U	R	S	A	K	L	Q	G	E	C	Q	H	O
P	V	O	L	A	X	F	L	F	X	J	R	O	V	G	S	P	S	H
M	S	R	C	T	A	J	Y	T	O	Z	V	F	S	I	L	Y	S	L
A	E	I	N	I	L	S	U	A	B	X	Q	E	E	L	G	G	Y	R
V	L	Z	N	Q	V	K	Q	K	N	P	T	G	R	K	Q	N	J	N

11

PUNKT
PROFITOUR
STRATEGIE
AUSLINIE
LIGA
SQUASHCOURT
AUFSCHLAGRECHT
FITNESS
ZAEHLWEISE
SIEG

Lösung

U N O X Z O L W N G X P R X N N O Q A
A J Z P G Y P L N X R C R V H A E S F
C A S Y O Q W V U M O U X G T P W M I
M T T Z U H A W J E E A J S H O E Y T
G R M A F M U V B T T F K C C H T W N
J U M E G U P Z V S G F Y E E I T S E
E O S I G Y K R R E P I L X R R P O S
W C O G J H W D C L M W Z W G H H V S
A H G E L Q U N I X O A B N A T W F N
T S R T C D W G A L E V R A L F E D Z
K A Q A H G A I Q H A N U P H C Y U Y
B U F R M J F I L N R J O U C P X Z L
X Q Z T U S K W R M I A T V S D T Q W
O S K S A K E B T L V P I E F V Q K U
R D O R K I S R U A F U F T U C E T O
Y K W E S L S A R D X N O Z A P T I S
G Z I E J F D P F F D K R W A G T F T
G J B W V Y P J J D L T P T P Q U F C
J Y U N X I G B A T E F T M D R W J P
I Y D H R Y U R S A K L Q G E C Q H O
P V O L A X F L F X J R O V G S P S H
M S R C T A J Y T O Z V F S I L Y S L
A E I N I L S U A B X Q E E L G G Y R
V L Z N Q V K Q K N P T G R K Q N J N

J	T	F	P	B	W	H	J	A	S	R	U	H	A	D	M	A	H	W
Y	P	R	U	U	O	W	F	S	A	B	P	R	A	L	L	Y	W	L
R	U	A	O	S	T	D	U	U	N	E	K	L	U	V	B	C	J	J
I	P	V	P	H	S	J	P	B	C	P	N	G	M	C	L	G	D	M
O	W	O	R	L	D	T	O	U	R	K	S	W	C	F	D	W	L	H
L	L	J	H	X	M	N	O	V	H	M	B	J	A	R	O	Y	F	Y
O	U	C	N	E	L	T	R	F	B	C	F	E	Q	O	J	Q	Y	M
R	C	Q	O	D	Y	E	P	P	P	B	T	F	P	T	S	C	A	R
G	N	U	R	E	D	N	I	H	E	B	L	E	I	P	S	F	M	N
O	T	I	Z	D	B	R	U	Z	F	G	F	Z	H	L	S	G	G	I
D	X	B	Y	J	Q	W	P	N	R	K	O	E	C	K	H	A	V	M
H	C	D	L	J	T	T	R	A	I	N	I	N	G	A	R	Y	L	E
O	M	G	K	O	R	S	W	O	B	V	H	J	F	T	A	H	V	R
K	T	B	E	V	M	K	H	M	Q	U	J	S	J	H	A	D	X	U
S	N	T	V	W	I	C	D	N	X	Q	I	E	R	H	N	S	O	E
I	Q	C	R	W	M	F	L	T	S	R	F	L	M	W	M	G	X	C
M	O	A	U	L	R	O	Y	Y	Y	P	O	O	A	L	C	S	A	K
U	N	O	K	E	S	Y	L	A	N	A	R	E	N	E	G	E	G	W
W	S	Z	G	Z	K	T	C	W	K	M	S	C	K	J	N	X	S	A
A	G	Z	U	B	D	B	R	Z	J	A	H	C	U	R	B	B	A	N
N	X	N	L	D	C	L	V	O	L	L	E	Y	N	I	C	K	R	D
Z	N	Z	F	F	M	I	A	T	M	G	Y	K	C	S	F	X	L	M
T	L	E	S	J	M	R	K	Y	N	B	C	T	M	V	D	A	B	Q
V	P	W	D	P	F	W	F	K	U	V	N	M	H	L	L	A	R	D

12

RUECKWAND
VOLLEYNICK
ABPRALL
FLUGKURVE
GEGENERANALYSE

ABBRUCH
DRALL
SPIELBEHINDERUNG
PSA WORLDTOUR
TRAINING

Lösung

J	T	F	P	B	W	H	J	A	S	R	U	H	A	D	M	A	H	W
Y	P	R	U	U	O	W	F	S	A	B	P	R	A	L	L	Y	W	L
R	U	A	O	S	T	D	U	U	N	E	K	L	U	V	B	C	J	J
I	P	V	P	H	S	J	P	B	C	P	N	G	M	C	L	G	D	M
O	W	O	R	L	D	T	O	U	R	K	S	W	C	F	D	W	L	H
L	L	J	H	X	M	N	O	V	H	M	B	J	A	R	O	Y	F	Y
O	U	C	N	E	L	T	R	F	B	C	F	E	Q	O	J	Q	Y	M
R	C	Q	O	D	Y	E	P	P	P	B	T	F	P	T	S	C	A	R
G	N	U	R	E	D	N	I	H	E	B	L	E	I	P	S	F	M	N
O	T	I	Z	D	B	R	U	Z	F	G	F	Z	H	L	S	G	G	I
D	X	B	Y	J	Q	W	P	N	R	K	O	E	C	K	H	A	V	M
H	C	D	L	J	T	T	R	A	I	N	I	N	G	A	R	Y	L	E
O	M	G	K	O	R	S	W	O	B	V	H	J	F	T	A	H	V	R
K	T	B	E	V	M	K	H	M	Q	U	J	S	J	H	A	D	X	U
S	N	T	V	W	I	C	D	N	X	Q	I	E	R	H	N	S	O	E
I	Q	C	R	W	M	F	L	T	S	R	F	L	M	W	M	G	X	C
M	O	A	U	L	R	O	Y	Y	Y	P	O	O	A	L	C	S	A	K
U	N	O	K	E	S	Y	L	A	N	A	R	E	N	E	G	E	G	W
W	S	Z	G	Z	K	T	C	W	K	M	S	C	K	J	N	X	S	A
A	G	Z	U	B	D	B	R	Z	J	A	H	C	U	R	B	B	A	N
N	X	N	L	D	C	L	V	O	L	L	E	Y	N	I	C	K	R	D
Z	N	Z	F	F	M	I	A	T	M	G	Y	K	C	S	F	X	L	M
T	L	E	S	J	M	R	K	Y	N	B	C	T	M	V	D	A	B	Q
V	P	W	D	P	F	W	F	K	U	V	N	M	H	L	L	A	R	D

T	C	F	C	K	V	F	X	X	R	V	T	N	L	C	T	M	U	U
A	M	T	Y	O	Y	Y	H	S	J	A	U	E	N	T	I	F	U	O
C	Z	X	X	L	R	J	Y	W	A	V	S	Y	I	C	E	Q	X	J
V	P	E	Y	J	S	U	P	X	L	J	Y	G	D	W	E	T	S	O
E	C	L	J	G	B	C	O	G	E	A	P	K	O	I	R	C	P	R
Z	Y	L	P	Q	R	F	G	Q	X	Y	V	L	Z	K	H	W	P	M
K	K	I	I	U	P	Q	V	P	N	F	D	Z	K	N	D	E	Y	F
D	B	W	B	Z	C	H	T	O	U	Y	U	E	E	X	P	L	D	T
C	N	S	C	H	S	K	S	I	D	A	J	L	K	R	B	T	S	A
R	M	E	P	X	C	D	N	A	N	P	L	F	G	A	G	M	Q	F
F	V	G	T	Y	H	C	P	I	U	K	K	R	M	G	F	E	J	Q
E	Y	E	N	V	I	B	C	Y	R	Q	Y	S	Z	Z	X	I	H	S
Y	J	I	P	I	E	J	B	A	N	I	S	L	Y	F	C	S	Z	J
M	R	S	O	W	D	Z	F	B	E	B	S	C	M	T	Y	T	E	F
J	C	R	U	B	S	T	A	P	M	L	P	A	J	G	E	E	G	U
G	H	U	J	C	R	B	K	N	U	C	H	D	J	D	W	R	N	P
P	B	R	Q	A	I	V	N	N	C	O	J	Y	T	J	V	S	U	D
C	S	U	V	O	C	V	Z	D	B	W	G	J	Q	H	D	C	N	M
Z	T	W	F	I	H	I	R	R	Z	H	R	D	X	X	D	H	R	C
H	Y	A	F	X	T	C	V	A	Y	K	J	Z	D	D	B	A	A	Z
I	E	Y	Y	U	E	N	K	G	Z	T	A	S	X	V	G	F	W	N
K	B	U	I	A	R	Z	B	E	Z	S	C	H	L	A	G	T	R	K
N	B	N	A	C	H	S	P	I	E	L	Z	E	I	T	S	C	E	E
K	D	T	O	H	S	Y	E	L	L	O	V	P	Y	X	Y	V	V	Z

13

WELTMEISTERSCHAFT
VERWARNUNG
SQUASH
SCHNELLKRAFT
SCHIEDSRICHTER

NACHSPIELZEIT
SCHLAG
SIEGESWILLE
VOLLEYSHOT
SATZ

Lösung

T	C	F	C	K	V	F	X	X	R	V	T	N	L	C	T	M	U	U
A	M	T	Y	O	Y	Y	H	S	J	A	U	E	N	T	I	F	U	O
C	Z	X	X	L	R	J	Y	W	A	V	S	Y	I	C	E	Q	X	J
V	P	E	Y	J	S	U	P	X	L	J	Y	G	D	W	E	T	S	O
E	C	L	J	G	B	C	O	G	E	A	P	K	O	I	R	C	P	R
Z	Y	L	P	Q	R	F	G	Q	X	Y	V	L	Z	K	H	W	P	M
K	K	I	I	U	P	Q	V	P	N	F	D	Z	K	N	D	E	Y	F
D	B	W	B	Z	C	H	T	O	U	Y	U	E	E	X	P	L	D	T
C	N	S	C	H	S	K	S	I	D	A	J	L	K	R	B	T	S	A
R	M	E	P	X	C	D	N	A	N	P	L	F	G	A	G	M	Q	F
F	V	G	T	Y	H	C	P	I	U	K	K	R	M	G	F	E	J	Q
E	Y	E	N	V	I	B	C	Y	R	Q	Y	S	Z	Z	X	I	H	S
Y	J	I	P	I	E	J	B	A	N	I	S	L	Y	F	C	S	Z	J
M	R	S	O	W	D	Z	F	B	E	B	S	C	M	T	Y	T	E	F
J	C	R	U	B	S	T	A	P	M	L	P	A	J	G	E	E	G	U
G	H	U	J	C	R	B	K	N	U	C	H	D	J	D	W	R	N	P
P	B	R	Q	A	I	V	N	N	C	O	J	Y	T	J	V	S	U	D
C	S	U	V	O	C	V	Z	D	B	W	G	J	Q	H	D	C	N	M
Z	T	W	F	I	H	I	R	R	Z	H	R	D	X	X	D	H	R	C
H	Y	A	F	X	T	C	V	A	Y	K	J	Z	D	D	B	A	A	Z
I	E	Y	Y	U	E	N	K	G	Z	T	A	S	X	V	G	F	W	N
K	B	U	I	A	R	Z	B	E	Z	S	C	H	L	A	G	T	R	K
N	B	N	A	C	H	S	P	I	E	L	Z	E	I	T	S	C	E	E
K	D	T	O	H	S	Y	E	L	L	O	V	P	Y	X	Y	V	V	Z

A Y S Q T E J L D V C H H I J M J N G
D B K C I B X R S X O A C W Y I W U D
Y I F R E A M B S Y N D I X U C A Q E
L W J Q H G A Y F D V J H X E K W V N
J C K F D F S J S F E H L E R K G A T
B X O U N U T P M A J H P W R W N J S
S V P Q U A I A I M L I P N C D I S C
J A K I S V I K C P N G F L Z I C S H
A U Q T E O G H D I J X K E L J K C E
C Y F Z G G Z K B Q W Y K O W P I G I
L P L O Y I B W M E F A B H D B X F D
G D K Y O A V Z W J H B Z C Z Z X J U
D D W R G U H H U S W E Q B C U L U N
T E C H N I K T R A I N I N G K I O G
H P U I W Z V K R X S E J U D X U J K
B Z P C Q T P F E E Q A D P M E Z S P
Y G G M G H A V I R O S D Y H Q T B M
C H C K R C F N Y J C C U O J D X Y N
X B A L L A B H C T A M Q H L U K H E
E X P P I C B Y X C U L R D S E W B C
V D M N B Z Y Y O T F A R D V T J T V
D I F F S K H V R G T B S X F F R U A
X Q S G N U G I D I E T R E V V A Y O
P N I U V B H K J Q W N G U F W B Y S

VERTEIDIGUNG
FEHLER
NICK
SHAKE HANDS
LOB
MATCHBALL
ENTSCHEIDUNG
GESUNDHEIT
TECHNIKTRAINING
AUFGABE

Lösung

A Y S Q T E J L D V C H H I J M J N G
D B K C I B X R S X O A C W Y I W U D
Y I F R E A M B S Y N D I X U C A Q E
L W J Q H G A Y F D V J H X E K W V N
J C K F D F S J S F E H L E R K G A T
B X O U N U T P M A J H P W R W N J S
S V P Q U A I A I M L I P N C D I S C
J A K I S V I K C P N G F L Z I C S H
A U Q T E O G H D I J X K E L J K C E
C Y F Z G G Z K B Q W Y K O W P I G I
L P L O Y I B W M E F A B H D B X F D
G D K Y O A V Z W J H B Z C Z Z X J U
D D W R G U H H U S W E Q B C U L U N
T E C H N I K T R A I N I N G K I O G
H P U I W Z V K R X S E J U D X U J K
B Z P C Q T P F E E Q A D P M E Z S P
Y G G M G H A V I R O S D Y H Q T B M
C H C K R C F N Y J C C U O J D X Y N
X B A L L A B H C T A M Q H L U K H E
E X P P I C B Y X C U L R D S E W B C
V D M N B Z Y Y O T F A R D V T J T V
D I F F S K H V R G T B S X F F R U A
X Q S G N U G I D I E T R E V V A Y O
P N I U V B H K J Q W N G U F W B Y S

Q	A	N	Y	C	B	E	F	I	J	D	Y	X	M	U	L	P	E	L
A	T	D	N	K	W	O	W	Z	U	C	O	Y	A	J	Z	Z	D	N
U	A	F	B	H	X	K	T	F	S	Q	I	S	A	M	U	V	O	N
T	K	A	J	C	K	B	Z	G	F	H	S	G	Y	S	Y	Q	H	E
U	V	P	R	S	A	B	D	V	Y	L	E	V	C	B	H	W	T	R
I	X	C	F	N	T	Z	V	V	H	W	W	H	D	L	Q	P	E	O
P	J	T	S	U	X	G	D	K	I	U	A	H	O	U	T	A	M	G
U	A	A	H	W	S	P	C	N	Q	U	J	A	T	D	B	X	L	V
S	G	K	R	K	D	P	N	U	E	L	N	Y	T	K	G	Q	L	L
V	R	T	N	C	K	W	B	R	D	N	M	I	X	T	T	D	A	E
O	H	I	S	E	B	E	A	B	O	G	G	X	Q	V	D	Z	V	I
D	R	K	L	U	M	O	Q	L	R	N	U	I	Q	E	X	E	R	P
P	Q	H	L	L	A	T	U	E	U	U	Z	O	W	Z	X	K	E	S
R	D	Y	D	G	T	N	V	R	G	N	E	J	Q	G	B	T	T	P
R	M	R	Y	R	W	H	H	R	E	T	L	S	R	X	E	W	N	O
B	H	F	H	S	A	E	I	R	N	I	W	J	V	Z	U	H	I	T
R	X	O	L	B	A	Q	Y	R	I	T	W	W	J	H	I	N	U	X
N	A	B	I	N	Q	P	F	T	L	G	J	I	J	G	W	G	K	H
X	L	F	R	S	Z	Q	X	Q	G	Q	P	A	E	T	J	R	I	R
N	F	E	C	U	N	B	A	T	N	Z	X	Q	D	P	V	T	I	H
C	E	F	O	W	X	A	D	V	O	R	D	E	R	W	A	N	D	G
X	K	G	S	M	L	J	F	L	L	S	L	O	T	M	Y	F	Z	O
R	Y	B	X	G	H	C	T	A	R	U	P	K	H	I	H	P	P	T
W	B	A	C	X	R	R	N	B	I	B	T	P	J	Q	Y	P	X	U

15

GLUECKWUNSCH
ZUSCHAUER
INTERVALLMETHODE
FANS
TAKTIK

GEWINN
ERNAEHRUNG
VORDERWAND
TOPSPIEL
LONGLINE

Lösung

Q	A	N	Y	C	B	E	F	I	J	D	Y	X	M	U	L	P	E	L
A	T	D	N	K	W	O	W	Z	U	C	O	Y	A	J	Z	Z	D	N
U	A	F	B	H	X	K	T	F	S	Q	I	S	A	M	U	V	O	N
T	K	A	J	C	K	B	Z	G	F	H	S	G	Y	S	Y	Q	H	E
U	V	P	R	S	A	B	D	V	Y	L	E	V	C	B	H	W	T	R
I	X	C	F	N	T	Z	V	V	H	W	W	H	D	L	Q	P	E	O
P	J	T	S	U	X	G	D	K	I	U	A	H	O	U	T	A	M	G
U	A	A	H	W	S	P	C	N	Q	U	J	A	T	D	B	X	L	V
S	G	K	R	K	D	P	N	U	E	L	N	Y	T	K	G	Q	L	L
V	R	T	N	C	K	W	B	R	D	N	M	I	X	T	T	D	A	E
O	H	I	S	E	B	E	A	B	O	G	G	X	Q	V	D	Z	V	I
D	R	K	L	U	M	O	Q	L	R	N	U	I	Q	E	X	E	R	P
P	Q	H	L	L	A	T	U	E	U	U	Z	O	W	Z	X	K	E	S
R	D	Y	D	G	T	N	V	R	G	N	E	J	Q	G	B	T	T	P
R	M	R	Y	R	W	H	H	R	E	T	L	S	R	X	E	W	N	O
B	H	F	H	S	A	E	I	R	N	I	W	J	V	Z	U	H	I	T
R	X	O	L	B	A	Q	Y	R	I	T	W	W	J	H	I	N	U	X
N	A	B	I	N	Q	P	F	T	L	G	J	I	J	G	W	G	K	H
X	L	F	R	S	Z	Q	X	Q	G	Q	P	A	E	T	J	R	I	R
N	F	E	C	U	N	B	A	T	N	Z	X	Q	D	P	V	T	I	H
C	E	F	O	W	X	A	D	V	O	R	D	E	R	W	A	N	D	G
X	K	G	S	M	L	J	F	L	L	S	L	O	T	M	Y	F	Z	O
R	Y	B	X	G	H	C	T	A	R	U	P	K	H	I	H	P	P	T
W	B	A	C	X	R	R	N	B	I	B	T	P	J	Q	Y	P	X	U

X	M	G	S	N	I	L	U	R	Q	G	P	U	W	W	N	G	F	N
T	B	A	L	L	F	L	U	G	B	A	H	N	W	M	W	F	F	E
W	J	W	Q	R	G	B	B	W	A	F	Q	G	F	Q	U	C	H	I
C	E	B	T	V	L	N	F	H	B	N	O	M	L	E	B	U	Q	N
D	T	F	H	J	L	Q	O	A	Z	Y	A	D	K	P	C	W	S	I
R	J	T	J	J	G	E	I	T	S	F	U	A	E	D	N	L	S	L
Y	E	A	N	N	W	N	Y	T	R	Y	N	P	K	P	K	I	X	S
H	C	S	I	N	A	K	I	R	E	M	A	B	O	A	E	N	O	G
H	U	E	R	D	E	W	C	A	K	F	J	K	J	G	X	L	E	N
V	A	L	D	G	J	Q	F	H	C	S	P	E	E	H	I	M	X	U
E	G	Q	U	P	R	K	J	Z	B	O	H	R	O	R	R	G	N	Z
R	P	W	C	T	V	B	M	Z	A	Y	E	O	B	F	Q	N	B	N
L	V	E	F	Q	I	B	D	X	R	H	N	T	Y	R	V	U	E	E
E	J	P	U	A	T	J	S	J	R	K	V	H	I	B	C	K	I	R
T	S	B	L	Q	P	S	I	U	Q	Y	S	P	U	Z	A	C	X	G
Z	Z	H	B	H	Z	M	N	Q	O	I	A	Z	I	N	L	E	A	E
U	H	D	R	Z	P	G	J	H	Z	U	U	V	R	T	H	D	C	B
N	J	F	G	H	V	I	M	O	E	R	K	Y	Z	S	V	B	A	Z
G	X	P	A	Z	G	M	H	X	B	G	J	W	N	Y	J	A	Y	V
S	B	C	Y	T	Q	Y	D	B	H	W	C	T	I	W	V	M	D	B
J	B	J	Z	M	N	D	D	V	X	B	U	B	F	W	C	U	I	T
D	L	E	F	G	A	L	H	C	S	F	U	A	Z	H	I	A	F	W
R	V	Z	U	A	S	N	E	R	E	I	Z	T	A	L	P	R	Q	E
P	Q	B	W	S	N	C	U	F	B	X	G	D	R	W	S	Y	M	C

16

HUERDE
AMERIKANISCH
BEGRENZUNGSLINIEN
PLATZIEREN
BALLFLUGBAHN
RAUMABDECKUNG
SIEGEREHRUNG
AUFSTIEG
VERLETZUNG
AUFSCHLAGFELD

Lösung

X M G S N I L U R Q G P U W W N G F N
T B A L L F L U G B A H N W M W F F E
W J W Q R G B B W A F Q G F Q U C H I
C E B T V L N F H B N O M L E B U Q N
D T F H J L Q O A Z Y A D K P C W S I
R J T J J G E I T S F U A E D N L S L
Y E A N N W N Y T R Y N P K P K I X S
H C S I N A K I R E M A B O A E N O G
H U E R D E W C A K F J K J G X L E N
V A L D G J Q F H C S P E E H I M X U
E G Q U P R K J Z B O H R O R R G N Z
R P W C T V B M Z A Y E O B F Q N B N
L V E F Q I B D X R H N T Y R V U E E
E J P U A T J S J R K V H I B C K I R
T S B L Q P S I U Q Y S P U Z A C X G
Z Z H B H Z M N Q O I A Z I N L E A E
U H D R Z P G J H Z U U V R T H D C B
N J F G H V I M O E R K Y Z S V B A Z
G X P A Z G M H X B G J W N Y J A Y V
S B C Y T Q Y D B H W C T I W V M D B
J B J Z M N D D V X B U B F W C U I T
D L E F G A L H C S F U A Z H I A F W
R V Z U A S N E R E I Z T A L P R Q E
P Q B W S N C U F B X G D R W S Y M C

I	A	Z	D	R	D	Y	B	Q	A	G	T	R	C	I	C	Q	K	D
Y	Y	P	N	N	S	V	I	K	R	Q	P	V	S	W	C	I	S	I
O	U	M	K	J	A	C	Z	T	C	B	V	G	T	I	Q	N	I	F
A	N	T	J	T	U	T	H	I	B	Q	T	M	H	C	J	J	W	N
U	L	B	Q	I	Y	Z	S	L	S	X	B	E	H	L	Y	T	E	X
K	Q	X	L	E	B	B	B	L	A	T	I	M	Q	Y	O	V	T	M
C	E	W	X	B	T	V	W	Z	E	G	R	C	A	Q	P	G	T	V
C	C	O	U	R	T	E	C	K	E	I	A	A	P	W	V	M	B	D
H	P	M	V	E	M	Y	U	N	A	D	P	R	F	H	I	O	E	D
H	T	Q	G	A	N	F	K	I	K	Z	U	S	T	E	Z	T	W	F
O	Q	R	L	K	V	G	X	I	I	V	K	K	E	Q	I	I	E	R
W	W	P	U	D	Y	M	V	X	Q	R	B	E	X	J	W	V	R	F
A	D	W	A	O	C	W	A	D	G	P	V	C	J	E	H	A	B	N
N	W	L	B	A	C	D	E	L	Z	Y	X	N	G	Z	H	T	D	A
Y	V	V	V	T	T	X	S	C	R	N	G	Q	F	W	W	I	N	X
W	R	C	C	G	H	L	V	C	P	L	N	B	Z	V	V	O	J	J
Z	C	K	W	N	G	U	V	B	O	B	E	V	C	F	R	N	K	H
Q	X	Y	O	I	G	V	Q	J	A	M	R	U	V	P	L	O	J	W
O	Z	Y	A	X	H	L	N	X	J	Z	Q	E	A	E	P	H	D	O
M	P	T	B	Y	V	A	U	F	S	C	H	L	A	G	T	M	G	U
G	G	W	C	M	N	Q	I	S	S	R	I	V	U	F	S	V	S	G
K	M	R	M	C	S	I	R	D	N	A	W	N	R	I	T	S	H	H
W	G	G	P	J	Z	N	D	D	S	T	R	N	W	I	F	C	J	T
J	D	U	E	F	O	M	N	B	I	M	A	S	W	P	X	G	O	X

17

WETTBEWERB
MOTIVATION
STRAFE
AUFSCHLAG
COURT

STIRNWAND
COURTECKE
SPIELSTAND
SCHLAGART
TIEBREAK

Lösung

I	A	Z	D	R	D	Y	B	Q	A	G	T	R	C	I	C	Q	K	D
Y	Y	P	N	N	S	V	I	K	R	Q	P	V	S	W	C	I	S	I
O	U	M	K	J	A	C	Z	T	C	B	V	G	T	I	Q	N	I	F
A	N	T	J	T	U	T	H	I	B	Q	T	M	H	C	J	J	W	N
U	L	B	Q	I	Y	Z	S	L	S	X	B	E	H	L	Y	T	E	X
K	Q	X	L	E	B	B	B	L	A	T	I	M	Q	Y	O	V	T	M
C	E	W	X	B	T	V	W	Z	E	G	R	C	A	Q	P	G	T	V
C	C	O	U	R	T	E	C	K	E	I	A	A	P	W	V	M	B	D
H	P	M	V	E	M	Y	U	N	A	D	P	R	F	H	I	O	E	D
H	T	Q	G	A	N	F	K	I	K	Z	U	S	T	E	Z	T	W	F
O	Q	R	L	K	V	G	X	I	I	V	K	K	E	Q	I	I	E	R
W	W	P	U	D	Y	M	V	X	Q	R	B	E	X	J	W	V	R	F
A	D	W	A	O	C	W	A	D	G	P	V	C	J	E	H	A	B	N
N	W	L	B	A	C	D	E	L	Z	Y	X	N	G	Z	H	T	D	A
Y	V	V	V	T	T	X	S	C	R	N	G	Q	F	W	W	I	N	X
W	R	C	C	G	H	L	V	C	P	L	N	B	Z	V	V	O	J	J
Z	C	K	W	N	G	U	V	B	O	B	E	V	C	F	R	N	K	H
Q	X	Y	O	I	G	V	Q	J	A	M	R	U	V	P	L	O	J	W
O	Z	Y	A	X	H	L	N	X	J	Z	Q	E	A	E	P	H	D	O
M	P	T	B	Y	V	A	U	F	S	C	H	L	A	G	T	M	G	U
G	G	W	C	M	N	Q	I	S	S	R	I	V	U	F	S	V	S	G
K	M	R	M	C	S	I	R	D	N	A	W	N	R	I	T	S	H	H
W	G	G	P	J	Z	N	D	D	S	T	R	N	W	I	F	C	J	T
J	D	U	E	F	O	M	N	B	I	M	A	S	W	P	X	G	O	X

Q I M E W P S Q M C X P C N G R S A G
M J Z R G E A V P H R Q F U L E Y H Y
W C P D R J L D H O S B N B I G N B L
I G F D N E R T F Y P Y P N L E M F T
E W E E Y O N I M R M V R S H A P G A
K R J W K P B G Z E E T M G C L P B B
Z J C E I E J Y E X I A M G Y H D M L
J E R W R N U T U G D S C K W C U Q F
L Q W E S B N G C N M A T O W S M O Q
S S I B E V I S E J W R E E O K N Z T
D C N H J O B O A I T E B S R C B C H
H I Z A E F V A P E T F V H J E C K Y
X Q Q G J J E P D Z T S G O P U D J Z
U J J O I V R W U I H Z B T L R W A Q
C Q Z V Y Q L I J N U Z E A O L N V F
O Q B D G X U P U B Y G T I F M Y T R
L Q Q W O S S C G Z K M K H N I J K B
H E S H R D T G I D O S N U T J F A B
L S T O P P G V M W X D V I C M O F A
O A F X A L M W P W E A I I X Y M F R
O P O Y U P W Y G R C N B M Y M D E T
R Y B J Y S E A F T B H L D G W K X C
B K G Z J S X N T Q G K X R J L R F I
W H Z U Z A G Q Y T S Z O O V Q T B M

SHOT
ABSTIEG
RUECKSCHLAEGER
STOPP
PROFIBEREICH

VERLUST
GEWINNSAETZE
REKORD
GEGNER
WELTMEISTER

Lösung

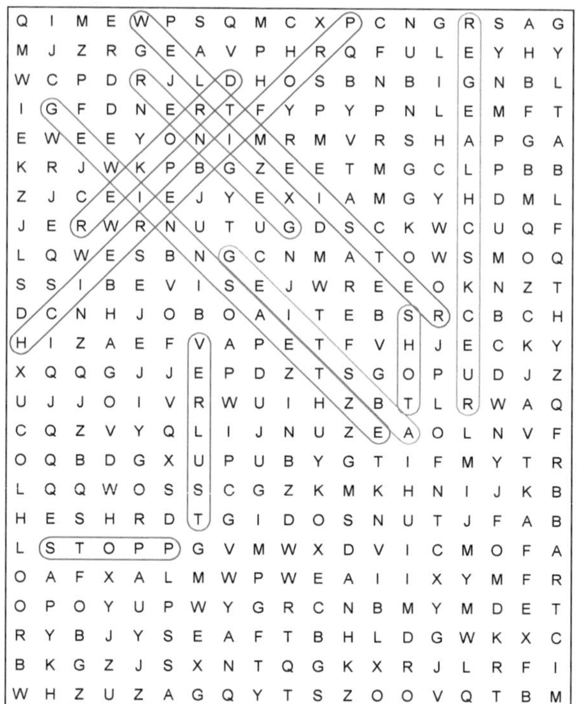

Weitere Wortsuchrätsel Sammelbände von Brian Gagg:

WORTSUCHRÄTSEL 4 in 1 SAMMELBAND 70iger, 80iger und 90iger Jahre
WORTSUCHRÄTSEL 2 in 1 SAMMELBAND 1. und 2. WELTKRIEG
WORTSUCHRÄTSEL 3 in 1 SAMMELBAND TENNIS, SQUASH und GOLF
WORTSUCHRÄTSEL 3 in 1 SAMMELBAND TISCHTENNIS, BADMINTON und MINIGOLF
WORTSUCHRÄTSEL 3 in 1 SAMMELBAND EISHOCKEY, FELDHOCKEY und SKISPORT
WORTSUCHRÄTSEL 3 in 1 SAMMELBAND FUßBALL, HANDBALL und BASKETBALL
WORTSUCHRÄTSEL 3 in 1 SAMMELBAND VOLLEYBALL, BOWLING und SCHWIMMSPORT
WORTSUCHRÄTSEL 3 in 1 SAMMELBAND REITSPORT, RADSPORT und SCHACH
WORTSUCHRÄTSEL 4 in 1 SAMMELBAND ANGELN, POKERN, FALLSCHIRMSPRINGEN und SKAT
WORTSUCHRÄTSEL 2 in 1 SAMMELBAND MUTTER und VATER
WORTSUCHRÄTSEL 2 in 1 SAMMELBAND OMA und OPA
WORTSUCHRÄTSEL 2 in 1 SAMMELBAND SCHWESTER und BRUDER
WORTSUCHRÄTSEL 3 in 1 SAMMELBAND BLUMEN, GARTEN und GRILLEN
WORTSUCHRÄTSEL 2 in 1 SAMMELBAND HUNDE und KATZEN
WORTSUCHRÄTSEL 3 in 1 SAMMELBAND SOMMER, HERBST und HALLOWEEN
WORTSUCHRÄTSEL 3 in 1 SAMMELBAND WINTER, WEIHNACHTEN und BIBELVERSE
WORTSUCHRÄTSEL 3 in 1 SAMMELBAND FRÜHLING, OSTERN und GEBURTSTAG
WORTSUCHRÄTSEL 3 in 1 SAMMELBAND BERLIN, MALLORCA und URLAUB
WORTSUCHRÄTSEL 3 in 1 SAMMELBAND UFO, SCIENCE FICTION und HORROR
WORTSUCHRÄTSEL 3 in 1 SAMMELBAND LEHRER, SCHULE und SPORTARTEN
WORTSUCHRÄTSEL 3 in 1 SAMMELBAND KRANKENPFLEGE, GLÜCK und BIBELVERSE
WORTSUCHRÄTSEL 3 in 1 SAMMELBAND KRIMINALITÄT, AUTOMARKEN und LUSTIGE SCHIMPFWORTE
WORTSUCHRÄTSEL 3 in 1 SAMMELBAND FREUNDSCHAFT, GLÜCK und LIEBESZITATE
WORTSUCHRÄTSEL 7 in 1 SAMMELBÄNDE FRÜHLING, OSTERN, SOMMER, HERBST, HALLOWEEN, WINTER und WEIHNACHTEN
WORTSUCHRÄTSEL 6 in 1 SAMMELBAND TENNIS, TISCHTENNIS, GOLF, BADMINTON, SQUASH und MINIGOLF
WORTSUCHRÄTSEL 6 in 1 SAMMELBAND FUßBALL, FELDHOCKEY, EISHOCKEY, HANDBALL, BASKETBALL, SKISPORT
WORTSUCHRÄTSEL 6 in 1 SAMMELBAND VOLLEYBALL, RADSPORT, SCHWIMMEN, SCHACH, BOWLING und REITSPORT
WORTSUCHRÄTSEL 6 in 1 SAMMELBAND MUTTER, VATER, OMA, OPA, BRUDER und SCHWESTER
WORTSUCHRÄTSEL 4 in 1 SAMMELBAND BLUMEN, GARTEN, GRILLEN und SOMMER
WORTSUCHRÄTSEL 5 in 1 SAMMELBAND UFO, SCIENCE FICTION, HORROR, KRIMINALITÄT und HALLOWEEN
WORTSUCHRÄTSEL 6 in 1 SAMMELBAND BERLIN, MALLORCA, URLAUB, FREUNDSCHAFT, GLÜCK und LIEBESZITATE
WORTSUCHRÄTSEL 6 in 1 SAMMELBAND LEHRER, SCHULE, SPORTARTEN, GLÜCK, KRANKENPFLEGE und BIBELVERSE

Alle Themen auch als Einzelbücher verfügbar